나라의 역사가 담겨있는 세계국기

나라의 역사가 담겨있는 세계국기

초판인쇄 · 2025년 11월 20일
초판발행 · 2025년 11월 27일

지은이 · 박형빈
발행인 · 조현수
펴낸곳 · 도서출판 프로방스
기　획 · 조용재
마케팅 · 최관호 최문섭

주　소 · 경기도 파주시 광인사길 68, 201-4호
전　화 · 031-925-5364, 031-942-5366
팩　스 · 031-942-5368

이메일 · provence70@naver.com
등록번호 · 제2016-000126호
등　록 · 2016년 06월 23일

정가 22,000원
ISBN: 979-11-6480-403-0 (13900)

파본은 구입처나 본사에서 교환해드립니다.

나라의 역사가 담겨있는
세계국기

박 형 빈 지음

차례

아시아 Asia

네팔	12
대만	13
대한민국	14
동티모르	16
라오스	17
레바논	18
말레이시아	19
몰디브	20
몽골	21
미얀마	22
바레인	23
방글라데시	24
베트남	25
부탄	26
북한	27
브루나이	28
사우디아라비아	29
스리랑카	30
시리아	31
싱가포르	32
아랍에미리트	33
아르메니아	34
아제르바이잔	35
아프가니스탄	36
예멘	37
오만	38
요르단	39
우즈베키스탄	40
이라크	41
이란	42
이스라엘	43
인도	44
인도네시아	45
일본	46

조지아	47
중국	48
카자흐스탄	50
카타르	51
캄보디아	52
쿠웨이트	53
키르기스스탄	54
키프로스	55
타지키스탄	56
태국	57
투르크메니스탄	58
튀르키예	59
파키스탄	60
필리핀	61

유럽 Europe

그리스	64
네덜란드	65
노르웨이	66
덴마크	67
독일	68
라트비아	69
러시아	70
루마니아	72
룩셈부르크	73
리투아니아	74
리히텐슈타인	75
모나코	76
몬테네그로	77
몰도바	78
몰타	79
바티칸시국	80

벨기에	81
벨라루스	82
보스니아헤르체고비나	83
북마케도니아	84
불가리아	85
산 마리노	86
세르비아	87
스웨덴	88
스위스	89
스페인	90
슬로바키아	91
슬로베니아	92
아이슬란드	93
아일랜드	94
안도라	95
알바니아	96
에스토니아	97
영국	98

오스트리아	100
우크라이나	101
이탈리아	102
체코	103
코소보	104
크로아티아	105
포르투갈	106
폴란드	107
프랑스	108
핀란드	110
헝가리	111

아프리카 Africa

가나	114
가봉	115
감비아	116
기니	117

기니비사우	118
나미비아	119
나이지리아	120
남수단	121
남아프리카공화국	122
니제르	123
라이베리아	124
레소토	125
르완다	126
리비아	127
마다가스카르	128
말라위	129
말리	130
모로코	131
모리셔스	132
모리타니	133
모잠비크	134
베냉	135

보츠와나	136
부룬디	137
부르키나파소	138
상투메프린시페	139
세네갈	140
세이셸	141
소말리아	142
수단	143
시에라리온	144
알제리	145
앙골라	146
에리트레아	147
에스와티니	148
에티오피아	149
우간다	150
이집트	151
잠비아	152
적도기니	153

중앙아프리카공화국	154
지부티	155
짐바브웨	156
차드	157
카메룬	158
카보베르데	159
케냐	160
코모로	161
코트디부아르	162
콩고	163
콩고민주공화국	164
탄자니아	165
토고	166
튀니지	167

북아메리카 North America

과테말라	170
그레나다	171
니카라과	172
도미니카	173
도미니카공화국	174
멕시코	175
미국	176
바베이도스	178
바하마	179
벨리즈	180
세인트루시아	181
세인트빈센트그레나딘	182
세인트키츠네비스	183
아이티	184
앤티가바부다	185
엘살바도르	186
온두라스	187
자메이카	188
캐나다	189

코스타리카	190
쿠바	191
트리니다드토바고	192
파나마	193

페루	207

남아메리카 South America

가이아나	196
베네수엘라	197
볼리비아	198
브라질	199
수리남	200
아르헨티나	201
에콰도르	202
우루과이	203
칠레	204
콜롬비아	205
파라과이	206

오세아니아 Oceania

나우루	210
뉴질랜드	211
마셜 제도	212
미크로네시아	213
바누아투	214
사모아	215
솔로몬제도	216
오스트레일리아	217
키리바시	218
통가	219
투발루	220
파푸아뉴기니	221
팔라우	222
피지	223

아시아 Asia

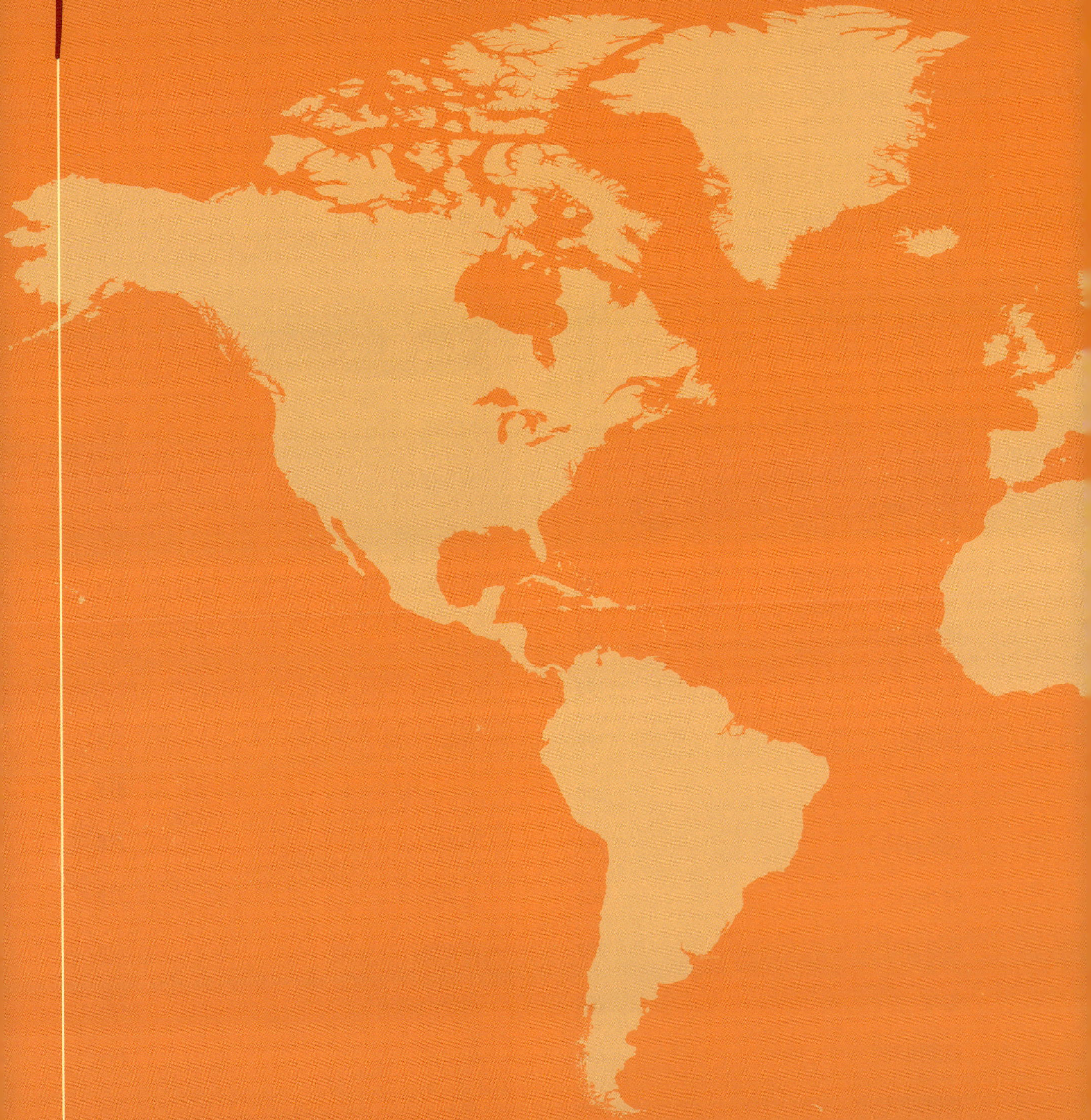

네팔 Nepal

네팔은 남아시아 히말라야에 위치한 나라로, 중국과 인도에 둘러싸여 있으며 동쪽에는 부탄이 있어요. 2007년 1월 15일에 왕정이 종식되고 과도 정부로 정치 체제가 변경되었으며, 2008년 5월 28일에 네팔 연방 민주공화국이 수립되었어요. 2020년 현재 세계에서 가장 최근에 세워진 민주 공화국이에요. 네팔은 세계에서 93번째로 넓은 나라이고, 41번째로 인구가 많은 나라예요. 국기의 파란색 테두리는 평화를 의미하며, 빨간색은 행운을, 태양과 달은 태양과 달이 존재하는 한 네팔도 존재한다는 것과 동시에 음의 왕조를 의미해요.

공식 국명 : 네팔연방민주공화국
수도 : 카트만두
통화 : 루피
언어 : 네팔어
면적 : 약 144,000㎢
인구 : 약 2,900만 명
종교 : 힌두교, 불교, 이슬람교

보드나트(네팔의 수도인 카트만두 동쪽에 있는 사리탑)

국장

대만 Taiwan

대만 또는 타이완으로 불리며 동아시아에 있는 섬나라예요. 카이로 선언에 따라 일본의 식민 통치가 끝나 중국에 편입되었지만 중국공산당과 권력 다툼으로 중국국민당이 대만으로 피신하여 중국과 중화민국으로 나뉘었어요. 국기의 파란색은 청명, 순수, 자유를, 빨간색은 희생, 유혈, 형제애, 한족을 중심으로 하는 다민족국가인 중국을 상징하고, 흰색은 평등을 뜻해요.

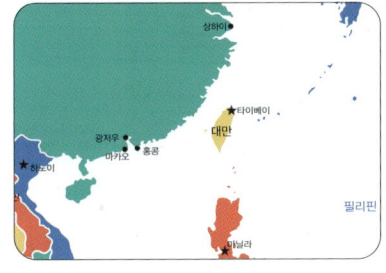

공식 국명 : 중화민국
수도 : 타이베이
통화 : 신 타이완 달러
언어 : 중국어
면적 : 약 36,000㎢
인구 : 약 2,300만 명
종교 : 불교, 도교, 기독교

타이베이 야경

국장

대한민국 South Korea

대한민국(大韓民國, 약칭: 한국 또는 남한)은 동아시아 한반도의 남쪽에 위치한 나라입니다. 고조선을 비롯한 여러 고대 국가들로부터 이어져 온 5,000년이 넘는 역사를 가지고 있으며, 20세기 초에는 일제 식민 지배를 받았으나, 1945년 해방 이후 한반도가 남북으로 분단되었습니다. 이후 1950년에 발발한 한국전쟁으로 국토가 큰 피해를 입었지만, 짧은 기간 안에 눈부신 경제 성장과 산업화를 이루며 오늘날 선진국의 반열에 올랐습니다. 세계적인 IT 강국, 교육열이 높은 나라, 창의적인 대중문화의 중심지로 알려져 있습니다.

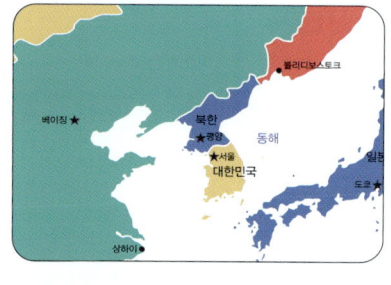

공식 국명 : 대한민국
수도 : 서울
통화 : 원(Won)
언어 : 한국어
면적 : 약 144,000㎢
인구 : 약 5,200만 명
종교 : 개신교, 불교, 천주교

서울

태극기를 알아보고 그리기

우리나라의 태극기는 4괘(자연의 순환을 형상화한 것) 건곤감리로 구성되어 있어요. 미적으로도 아름다운 우리 민족의 창조성을 나타낸 자랑스러운 국기지요. 태극기의 흰색 바탕은 밝음, 순수, 그리고 평화를 사랑하는 우리의 민족성을 뜻해요. 빨간색은 양을, 파란색은 음을, 물결은 우주 만물이 음과 양의 상호 작용에 조화를 나타내요. 태극 문양을 중심으로 만들어진 4괘는 음과 양이 서로 변화하고 더 낫고 좋은 모습을 효(음, 양)의 조합을 통해 실제적으로 나타냈어요. '건'괘는 우주 만물 중에서 하늘을, '곤'괘는 땅을, '감'괘는 물을, '이'괘는 불을 상징해요. 4괘는 태극을 중심으로 이치에 따라 만들어진 우주만물을 이루고 있어요.

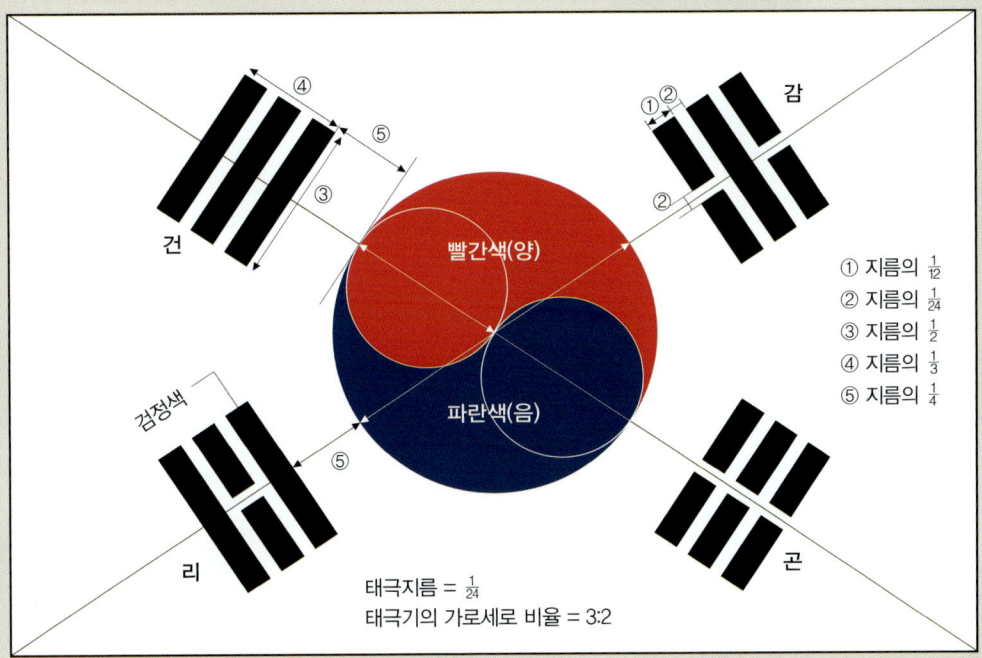

① 지름의 $\frac{1}{12}$
② 지름의 $\frac{1}{24}$
③ 지름의 $\frac{1}{2}$
④ 지름의 $\frac{1}{3}$
⑤ 지름의 $\frac{1}{4}$

태극지름 = $\frac{1}{24}$
태극기의 가로세로 비율 = 3:2

건 : 하늘, 봄, 어진 것, 동쪽
곤 : 땅, 여름, 의로운 것, 서쪽
감 : 달, 겨울, 지혜, 북쪽
리 : 태양, 가을, 예의, 남쪽

청 : 바다를 상징해요.
홍 : 태양을 상징해요.
백 : 태극기 바탕의 흰색은 백의민족의 순결성과 청렴, 전통적으로 평화를 사랑하는 한민족의 민족성을 상징해요.

대한민국 국장 : 지금의 국장은 1963년에 만들어졌으며 대한민국의 국화인 무궁화 꽃잎 위에 태극 문양을 넣어 '대한민국' 글자가 새겨진 푸른 리본이 무궁화를 둘러싸고 있어요.

동티모르 East Timor

동남아시아의 티모르섬 동쪽에 있는 작은 섬나라예요. 포르투갈에 의해 식민지화되어 언어와 종교가 포르투갈과 비슷해요. 그 후 인도네시아 군대가 침략하여 통치를 받다가 1999년 유엔의 도움으로 인도네시아는 영토의 통제권을 포기했으며, 2002년 5월 20일에 21세기 최초의 새로운 주권 국가가 되었어요. 국기의 빨간색은 국가 독립을 위한 투쟁을, 노란색은 통치의 아픔을, 검은색은 극복해야 할 장애를, 흰색은 평화를 나타내요.

공식 국명 : 동티모르민주공화국
수도 : 딜리
통화 : US달러, 센타부
언어 : 테툼어, 포르투갈어
면적 : 약 14,900㎢
인구 : 약 115만 명
종교 : 가톨릭

동티모르 해안

국장

라오스 Laos

동남아시아 인도차이나 반도의 중심에 위치한 라오스는 북서쪽으로는 미얀마와 중국, 동쪽으로는 베트남, 남동쪽으로는 캄보디아, 태국과 접해 있어요. 프랑스에 의해 식민지가 되었고, 1975년 베트남 전쟁이 끝난 후 공산주의자 파테트 라오가 집권하여 내전을 종식시켰어요. 국기의 흰 원은 메콩강의 보름달이며, 빨간색은 혁명 투쟁에서 흘린 피를, 파란색은 나라의 풍요로움과 번영을, 흰색의 동그라미는 메콩 강 위에 떠오른 커다란 보름달, 공산주의를 통한 라오스 국민의 단결과 라오스의 빛나는 미래에 대한 약속을 의미해요.

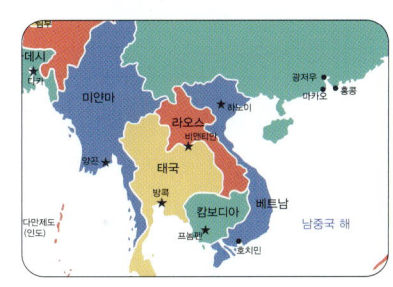

공식 국명 : 라오스 인민민주공화국
수도 : 비엔티안
통화 : 키프
언어 : 라오어, 프랑스어
면적 : 약 23만 6,800㎢
인구 : 약 692만 명
종교 : 불교, 토착종교

탓루앙 사원의 위대한 불탑

국장

레바논 Lebanon

서아시아의 지중해 연안에 있는 시리아와 이스라엘과 국경을 접하고 있으며, 좋은 항구를 가진 혜택으로 레바논은 옛날부터 교역의 중심지로 번영했어요. 600년대 초 이슬람교를 신봉하는 아랍인들에게 정복된 후부터 아랍화·이슬람화가 진행되었어요. 중동의 다른 이슬람 국가와는 다르게 기독교와 여러 종교를 자유롭게 인정하고 있어요. 국기의 삼나무는 불멸을 의미해요. 빨간색은 나라를 위해 목숨 바친 희생을, 흰색은 평화와 레바논의 산들을 덮고 있는 흰 눈을 상징해요.

공식 국명 : 레바논공화국
수도 : 베이루트
통화 : 레바논 파운드
언어 : 아랍어, 프랑스어
면적 : 약 1만 400㎢
인구 : 약 619만 명
종교 : 이슬람교, 기독교

베이루트

국장

말레이시아 Malaysia

영국의 식민지였던 말레이시아는 1946년에 말레이 연합으로 통일되었어요. 말라야는 1963년 북보르네오, 사라왁, 싱가포르와 연합하여 말레이시아가 되었고, 1965년 싱가포르는 연방에서 추방되었어요. 국기의 초승달은 이슬람의 상징이며, 파란색은 국민의 단결을, 노란색은 국왕을, 14개 줄무늬는 13개 회원국과 연방 영토의 연맹에서 동일한 지위를 나타내요.

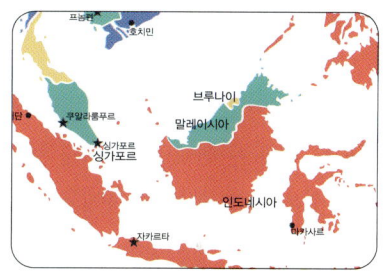

공식 국명 : 말레이시아연방
수도 : 쿠알라룸푸르
통화 : 링깃
언어 : 말레이어, 영어, 중국어, 타밀어
면적 : 약 33만㎢
인구 : 약 3,052만 명
종교 : 이슬람교, 불교, 기독교, 힌두교

쿠알라룸푸르

국장

몰디브 Maldives

남아시아 인도양에 있는 섬나라로, 인도와 스리랑카 남서쪽에 자리해요. 국토는 남북으로 길게 늘어선 26개의 환초로 이루어져 있으며, 섬의 총수는 1,192개예요. 수도인 말레는 군주제 시절에 술탄이 왕궁을 짓고 다스리던 곳으로, 현재는 매년 100만 명 이상의 사람이 방문하는 세계적인 관광지예요. 국기의 초승달은 이슬람교를 상징하며, 빨간색 직사각형은 나라의 과거, 현재, 미래를 위해 희생한 영웅들을, 초록색 직사각형은 나라의 생명의 원천인 야자나무를 상징해요.

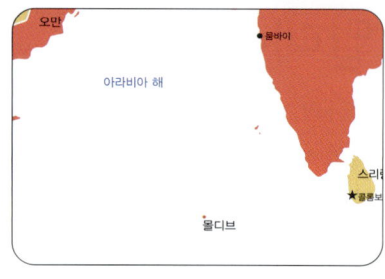

공식 국명 : 몰디브공화국
수도 : 말레
통화 : 루피
언어 : 몰디브어(디베히어), 영어
면적 : 약 298㎢
인구 : 약 39만 3,300명
종교 : 이슬람교

말레

국장

몽골 Mongolia

아시아의 중앙 내륙에 있는 국가예요. 칭기즈칸의 등장으로 최대의 몽골 대제국을 건설했어요. 구소련의 영향을 받아 공산국가에서 구소련의 해체로 민주주의국가로 바뀌었어요. 1989년 반공 혁명 이후 몽골은 1990년 초에 자체적으로 평화적 민주 혁명을 수행했어요. 이로 인해 다당제, 1992년 새로운 헌법, 시장 경제로의 전환이 이루어졌어요. 국기의 빨간색, 파란색, 빨간색으로 구성된 세로 줄무늬 바탕에 깃대 쪽으로 몽골을 상징하는 문양인 노란색 소욤보(몽골어) 문양이 그려져 있어요.

공식 국명 : 몽골
수도 : 울란바토르
통화 : 투그릭
언어 : 몽골어
면적 : 약 156만㎢
인구 : 약 300만 명
종교 : 라마교, 이슬람교

울란바토르(수흐바타르 광장)

국장

미얀마 Myanmar

동남아시아의 인도차이나 반도와 인도 대륙 사이에 있는 국가 중에서 가장 커요. 버마라고 불리던 현 미얀마는 왕이 다스리는 나라였지만 영국과 전쟁에서 폐함으로써 영국의 지배를 받았어요. 1948년 영국으로부터 독립을 했고 2007년에 왕정이 종식되고 2010년 연방공화국이 되었어요. 국기의 노란색은 단결, 초록색은 평화와 자연의 풍요로움을, 빨간색은 용기를 상징하며 하얀색 별은 연방의 영원한 존재를 상징해요.

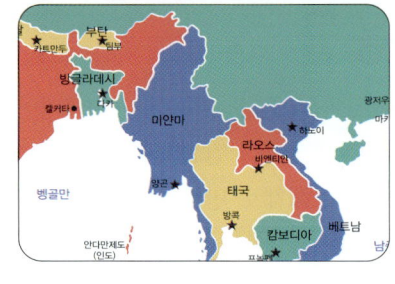

공식 국명 : 미얀마연방공화국
수도 : 네피도
통화 : 챠트
언어 : 미얀마어
면적 : 약 67만 6,580㎢
인구 : 약 5,633만 명
종교 : 불교

몽유와

국장

바레인 Bahrain

중동 서아시아에 있는 섬나라예요. 입헌 군주제 국가로, 국명 '바레인'은 아랍어로 '두 개의 바다'를 뜻해요. 이슬람교가 국교로 정해져 국민 대다수가 이를 신봉하고 있지만, 타 종교에 너그러운 편이에요. 면적은 765.3km²으로 제주도보다 작아요. 국기의 빨간색은 페르시아 만에 위치한 나라의 국기에서 사용되고 있는 색이며 깃대 쪽으로는 하얀색 띠가 그려져 있어요. 빨간색과 하얀색은 5개의 톱니로 나뉘어 있으며, 다섯 개의 톱니는 이슬람교의 다섯 기둥을 의미해요.

공식 국명 : 바레인왕국
수도 : 마나마
통화 : 바레인 디나르
언어 : 아랍어
면적 : 약 765.3km²
인구 : 약 135만 명
종교 : 이슬람교

마나마

국장

방글라데시 Bangladesh

방글라데시는 '벵골의 땅'이라는 뜻인데 벵골이라는 단어의 정확한 기원은 알려지지 않았지만, 인도 아대륙의 갠지스 삼각주에 있는 고대 왕국을 말해요. 종교 문제로 핍박을 받아온 동파키스탄(벵골족)은 서파키스탄(지금의 파키스탄)으로부터 분리됐어요. 국기의 초록색은 젊은이의 의지와 방글라데시의 풍요로운 대지를, 빨간색 원은 방글라데시의 독립을 위해 흘린 피와 벵골 지방에 떠오르는 태양을 의미해요.

공식 국명 : 방글라데시 인민공화국
수도 : 다카
통화 : 타카
언어 : 벵골어
면적 : 약 14만 4,000㎢
인구 : 약 1억 6,900만 명
종교 : 이슬람교

국립 기념관

국장

베트남 Vietnam

동남아시아 인도차이나 반도의 가장 동쪽에 있는 나라예요. 인도차이나 반도가 프랑스에 의해 식민지화되었고, 제1차 인도차이나 전쟁에서 베트남이 프랑스를 상대로 승리한 후 국가는 두 라이벌 국가인 공산주의 북부와 반공 남부로 나뉘었어요. 남베트남을 지원하기 위해 미국의 간섭으로 베트남전쟁이 생겼고 전쟁은 북베트남의 승리로 끝났으며 우리나라도 참전한 전쟁이었어요. 국기의 별은 베트남 공산당의 리더십을, 빨간색은 독립을 위해 흘린 피를 뜻해요.

공식 국명 : 베트남 사회주의 공화국
수도 : 하노이
통화 : 동
언어 : 베트남어
면적 : 약 33만 1,210㎢
인구 : 약 9,435만 명
종교 : 불교, 가톨릭교

하노이

국장

부탄 Bhutan

남아시아에 위치한 히말라야산맥 동쪽에 있는 나라예요. 영국의 지배를 받던 인도가 영국으로부터 독립하고 인도에 합병되었던 부탄은 1949년 인도에서 독립했어요. 국기의 가운데에 흰색 용은 부탄이라는 국명이 티베트어 방언으로 '용의 나라'라는 뜻을 의미하며, 용이 발톱에 붙잡고 있는 보석은 부를 의미해요. 하얀색은 충성과 순결에 대한 예찬을, 노란색은 세속 군주를, 주황색은 불교를 의미해요.

공식 국명 : 부탄왕국
수도 : 팀부
통화 : 눌트룸
언어 : 종카어
면적 : 약 3만 8,400㎢
인구 : 약 74만 2,000명
종교 : 라마교, 힌두교

탈춤

국장

북한 North Korea

한반도의 북부를 구성하는 동아시아 국가로 사회주의를 표방하는 '주체사상'을 추구하는 독재국가예요. 북한의 침략으로 한국전쟁 후 남북은 정전 협정을 가져왔지만 군사분계선을 둔 '휴전'상태예요. 국기의 빨간색은 사회주의를 쟁취하기 위해 투쟁하는 혁명 정신을 상징하며, 하얀색은 한민족이 전통적으로 널리 사용한 색으로, 국가 주권의 고결성과 광명을, 하얀색 원의 빨간색은 별은 사회주의 건설을 나타내요.

공식 국명 : 조선민주주의인민공화국
수도 : 평양
통화 : 북한 원
언어 : 한국어
면적 : 약 12만 500㎢
인구 : 약 2,467만 명
종교 : 없음

북한 우표　　　백두산

국장

브루나이 Brunei

동남아시아 보르네오섬의 북쪽 해안에 위치한 국가예요. 브루나이는 보르네오섬에 있는 유일한 주권 국가예요. 광범위한 석유 및 천연가스의 개발로 산업화된 국가로 변모했어요. 영국의 지배를 받다가 제2차 세계대전 때는 일본의 점령 아래 있다가 1959년 영국이 관장하는 자치권을 갖게 됐고 1984년 독립하였어요. 국기의 가운데는 국장이 있어요. 노란색은 브루나이의 술탄을, 흰색과 검은색은 브루나이의 신하를 의미해요.

공식 국명 : 브루나이다루살람
수도 : 반다르스리브가완
통화 : 브루나이 달러
언어 : 말레이어, 영어
면적 : 약 5,770㎢
인구 : 약 43만 명
종교 : 이슬람교

반다르 스리 베가완

국장

사우디아라비아 Saudi Arabia

국왕이 모든 권력을 가지는 아라비아 반도의 대부분을 구성하는 서아시아 절대군주제 국가예요. 사우디아라비아는 요르단과 이라크 북쪽, 쿠웨이트와 접해 있어요. 세계에서 두 번째로 큰 석유 생산국이자 세계에서 가장 큰 석유 수출국이 되었으며, 세계에서 여섯 번째로 큰 가스 매장량을 관리하고 있어요. 국기에 새겨진 아랍어는 술루스체로 이슬람교의 신앙 고백인 샤하다로 써져 있으며 이는 '알라 이 외에 다른 신은 없으며 무함마드는 알라의 사도이다'라는 뜻이에요.

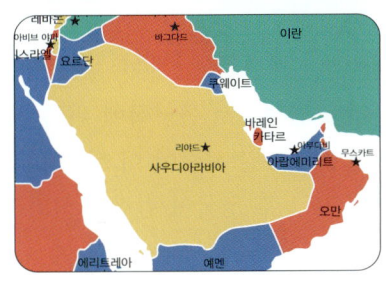

공식 국명 : 사우디아라비아왕국
수도 : 리야드
통화 : 사우디 리얄
언어 : 아랍어
면적 : 약 215만㎢
인구 : 약 2,855만 명
종교 : 이슬람교

마디나 예언자의 모스크

국장

스리랑카 Sri Lanka

인도 남단에서 동남쪽에 위치한 인도양에 있는 섬나라예요. 1505년 포르투갈 사람이 이 섬을 발견했지만 네덜란드가 이 섬을 점령했고 그 후 영국이 점령해 식민지였을 때 홍차가 유명했는데 실론 티의 '실론'은 스리랑카의 예전 이름이었어요. 국기의 사자는 용기를, 칼은 주권을 상징하며 노란색은 스리랑카 국민의 서로 다른 문화의 존재를, 초록색은 무슬림과 무어족을, 주황색은 타밀족을 의미하며, 갈색은 스리랑카의 소수 민족인 유럽계 중산층을 의미해요.

스리랑카 해변

공식 국명 : 스리랑카민주사회주의공화국
수도 : 콜롬보
통화 : 루피
언어 : 타밀어, 영어, 싱할라어
면적 : 약 6만 5,620㎢
인구 : 약 2,206만 명
종교 : 불교, 힌두교

국장

시리아 Syria

'시리아'라는 이름은 역사적으로 더 넓은 지역을 가리키며, 오스만 제국의 땅이었어요. 시리아는 2016년부터 2018년까지 세계 평화 지수에서 최하위로 선정되어 전쟁으로 인해 세계에서 가장 폭력적인 국가가 되었어요. 국기의 초록별은 무함마드를, 별 2개는 시리아와 이집트를 상징해요. 빨간색은 용기를, 흰색은 순결과 밝은 미래를, 검은색은 지난날의 억압을 의미하며, 초록색은 예언자 무함마드를, 두 개의 별은 아랍 연합 공화국을 이루고 있었던 이집트와 시리아 두 나라를 의미해요.

공식 국명 : 시리아아랍공화국
수도 : 다마스커스
통화 : 시리아 파운드
언어 : 아랍어, 쿠르드어, 아르메니아어, 영어, 프랑스어
면적 : 약 18만 5,180㎢
인구 : 약 1,707만 명
종교 : 이슬람교, 기독교

다마스커스

국장

싱가포르 Singapore

동남아시아 말레이 반도에 있는 섬으로 이루어진 도시 국가로, 천연자원과 배후지가 부족함에도 불구하고 대외 무역을 기반으로 한 4대 아시아 호랑이 중 하나로 급속히 발전하여 고도로 발전한 국가가 되었어요. 가장 살기 좋은 도시로 꾸준히 선정되었으며 교육열이 높은 편이에요. 국기의 빨간색은 평등과 우의를, 흰색은 순결과 미덕을, 초승달은 새로운 나라로 태어나는 싱가포르를, 5개의 별은 나라의 5가지 이상인 민주주의, 평화, 정의, 진보, 평등을 의미해

공식 국명 : 싱가포르공화국
수도 : 싱가포르
통화 : 싱가포르 달러
언어 : 말레이어, 중국어, 영어, 타밀어
면적 : 약 648㎢
인구 : 약 568만 명
종교 : 불교, 이슬람교, 기독교, 힌두교

싱가포르

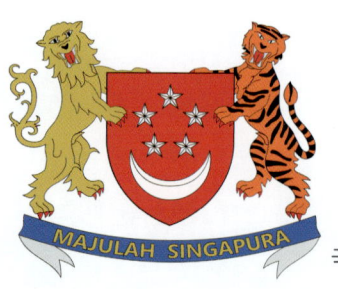

국장

아랍에미리트 United Arab Emirates

아라비아 반도 동부에 있는 '에미리트'라 불리는 아랍 토후국 7개로 이루어진 나라예요. 석유 매장량은 세계에서 8번째이며, 천연가스 매장량은 세계 7위예요. 아부다비의 통치자이자 UAE의 초대 대통령인 셰이크 자이드는 에미레이트 항공의 발전을 감독하고 석유 수입으로 의료, 교육 및 인프라로 이끌었어요. 국기의 초록색은 풍요로움을, 흰색은 중립을, 검정색은 이슬람교의 예언자인 무함마드를, 빨간색은 단결을 의미해요.

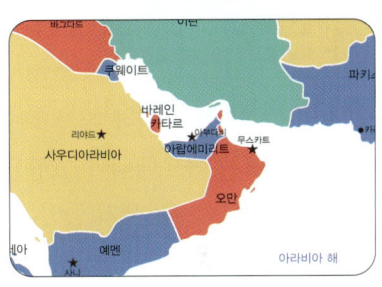

공식 국명 : 아랍에미리트 연합국
수도 : 아부다비
통화 : 디르함
언어 : 아랍어
면적 : 약 8만 3,600km²
인구 : 약 578만 명
종교 : 이슬람교

아부다비

국장

아르메니아 Armenia

16세기와 19세기 사이에 동부 아르메니아와 서부 아르메니아로 구성된 전통적인 아르메니아 고향은 오스만 제국과 페르시아 제국의 지배를 받았으며, 수 세기 동안 두 제국 중 하나가 반복적으로 통치했어요. 현대 아르메니아공화국은 1991년 소련이 해체되면서 독립했어요. 국기의 빨간색은 아르메니아 군인들이 흘린 피를, 파란색은 아르메니아의 하늘을, 주황색은 비옥한 땅과 국민의 노동을 의미해요.

공식 국명 : 아르메니아공화국
수도 : 예레반
통화 : 드람
언어 : 아르메니아어
면적 : 약 2만 9,800㎢
인구 : 약 305만 명
종교 : 아르메니아정교, 기독교

코르 비랍 수도원

국장

아제르바이잔 Azerbaijan

아제르바이잔공화국이며, 러시아 남부와 이란 사이에 위치하고 있어요. 1918년에 독립을 선포하고 최초의 세속적 민주주의 무슬림 다수 국가가 되었어요. 1920년에는 소련 사회주의 공화국으로 소련에 편입되었으며, 아제르바이잔의 현대 공화국은 1991년 소련의 해체로 독립했어요. 국기의 초승달은 이슬람을 상징하며, 파란색은 민족이 투르크족에서 기원했음을, 빨간색은 현대사회와 민주주의 발전에 대한 지향을, 초록색은 이슬람교 상징을 뜻해요.

공식 국명 : 아제르바이잔공화국
수도 : 바쿠
통화 : 마나트
언어 : 아제르바이잔어
면적 : 약 8만 6,500㎢
인구 : 약 979만 명
종교 : 이슬람교

바쿠

국장

아프가니스탄 Afghanistan

중앙아시아와 남아시아의 교차로에 있는 내륙국이에요. 19세기에는 영국의 지배를 받다 1919년 독립했어요. 2001년 미국이 탈레반을 제거하였지만 현재도 정부와 탈레반 사이의 지속적인 전쟁은 계속되고, 빈곤, 아동 영양실조 및 부패를 겪고 있어요. 국기는 검은색, 빨간색, 초록색 세로 줄무늬 가운데에 국장인 이슬람 예배당이 그려져 있어요.

공식 국명 : 아프가니스탄이슬람공화국
수도 : 카불
통화 : 아프가니
언어 : 푸슈토어, 다리어, 터키어, 우즈벡어
면적 : 약 65만 2,231㎢
인구 : 약 3,300만 명
종교 : 이슬람교

바미안(아프가니스탄 중부에 있는 도시)

국장

예멘 Yemen

아라비아 반도 남서부에 위치한 국가로 아시아, 아프리카, 유럽을 오가는 길목에 있어요. 고대에 예멘은 현대 에티오피아와 에리트레아의 일부를 포함하는 무역 국가의 고향이었어요. 19세기 영국의 침공으로 분단되어 1994년 통일됐어요. 국기의 빨간색은 독립을 위한 혁명을, 검은색은 어두운 과거를, 흰색은 평화와 희망을 나타내요.

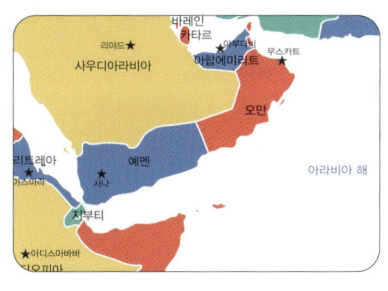

공식 국명 : 예멘공화국
수도 : 사나
통화 : 예멘 리알
언어 : 아랍어
면적 : 약 52만 8,000㎢
인구 : 약 2,680만 명
종교 : 이슬람교, 유대교, 기독교

사나

국장

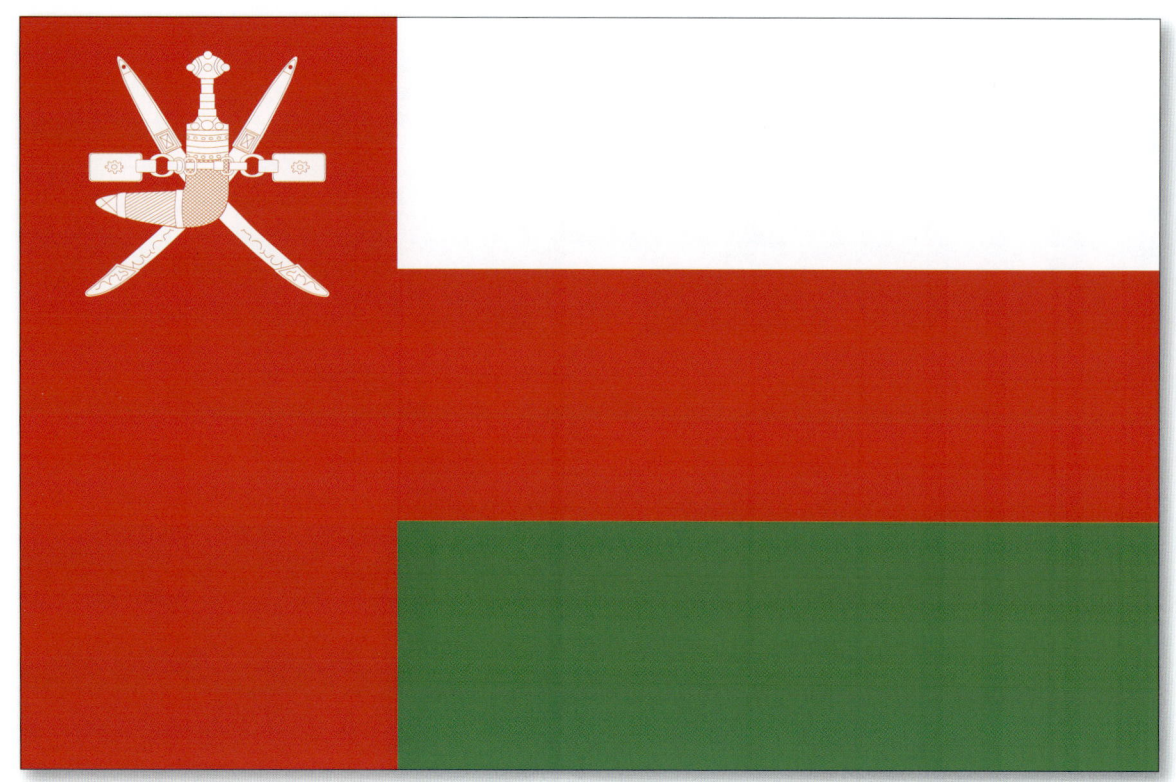

오만 Oman

아라비아 반도 남동부에 있는 나라로 전략적으로 중요한 위치에 위치한 페르시아만을 연결하는 요충지예요. 150여 년간 포르투갈의 지배를 받다 1741년 독립했어요. 역사적으로 무스카트는 페르시아만 지역의 주요 무역 항구로 인도양에서 가장 중요한 무역 항구 중 하나였어요. 국기의 왼쪽에는 국장이 있어요. 빨간색은 새로운 오만을, 흰색은 평화와 번영을, 초록은 식물자원의 풍부함을 나타내요.

공식 국명 : 오만왕국
수도 : 무스카트
통화 : 오만 리알
언어 : 아랍어
면적 : 약 30만 9,500㎢
인구 : 약 326만 명
종교 : 이슬람교, 힌두교, 기독교

무스카트 모스크

국장

요르단 Jordan

요르단은 구석기 시대부터 인간이 거주하고 있었어요. 서아시아의 아라비아 반도 북부에 위치하고 있으며, 영국의 지배를 받다 1946년 독립한 아랍 왕국이에요. 요르단은 '중상위 소득'경제를 가진 '높은 인간 개발'국가로 분류되어요. 국기의 검은색은 아바스 왕조를, 흰색은 우마이야 왕조를, 초록색은 파티마 왕조를, 빨간색은 하심가와 아랍 반란을 뜻하며 하얀색 칠갑별은 이슬람교의 경전인 《꾸란》의 첫 장에 쓰인 7개의 구절을 의미해요.

공식 국명 : 요르단하삼왕국
수도 : 암만
통화 : 요르단 디나르
언어 : 아랍어
면적 : 약 8만 9,350㎢
인구 : 약 821만 명
종교 : 이슬람교, 기독교

암만

국장

우즈베키스탄 Uzbekistan

중앙아시아 중부에 자리 잡은 우즈베키스탄은 130개의 민족이 모여 사는 다민족 국가로서 유서 깊은 역사와 전략적 위치로 인해 다양한 문화유산을 보유하고 있어요. 19세기 후반 제정러시아의 속국이 되었으며 1991년 구소련의 붕괴와 함께 독립했어요. 국기의 파란색은 밤하늘과 물을, 빨간색은 생명력과 단결을, 초록색은 자연을 상징하고 초승달과 12개의 별은 우즈베키스탄의 전통문화와 나라의 희망을 의미해요.

공식 국명 : 우즈베키스탄공화국
수도 : 타슈켄트
통화 : 숨
언어 : 우즈베크어
면적 : 약 44만 7,400㎢
인구 : 약 2,920만 명
종교 : 이슬람교, 러시아정교

타슈켄트 하즈라티 이맘 광장

국장

이라크 Iraq

이라크는 19개의 주와 하나의 자치 지역으로 구성된 연방의회 공화국으로 국가의 공식 종교는 이슬람이에요. 문화적으로 이라크는 매우 풍부한 유산을 가지고 있으며 카펫을 포함한 훌륭한 수공예품을 생산해요. 이라크는 UN과 아랍연맹, OIC의 창립 멤버예요. 국기는 빨간색과 흰색, 검은색 세 개의 가로 줄무늬 가운데에는 이라크의 나라 표어인 '알라는 위대하시다', '알라후 아크바르')라는 아랍어 문구가 초록색으로 쓰여 있어요.

공식 국명 : 이라크공화국
수도 : 바그다드
통화 : 이라크 디나르
언어 : 아랍어, 쿠르드어
면적 : 약 43만 8,010㎢
인구 : 약 3,900만 명
종교 : 이슬람교

아르빌(이라크 북쪽 쿠르디스탄 지방에 있는 도시)

국장

이란 Iran

아라비아 반도와 남서 아시아 사이에 있는 나라로, 남쪽으로는 페르시아 만과 오만 만, 그리고 서쪽으로는 터키와 이라크가 자리 잡고 있어요. 이란은 중동 여러 나라를 정복하고 강한 힘으로 그리스와의 전쟁에서 이기는 등 큰 힘을 가진 거대 제국이었어요. 1979년 반정부 운동으로 인해 이슬람 공화국을 수립하였어요. 국기의 중앙에 위치한 붉은색 국장은 4개의 초승달과 1개의 칼로 이루어져 있어요. 초록색은 이슬람교, 흰색은 평화, 붉은색은 용기를 상징해요.

테헤란

공식 국명 : 이란회교공화국
수도 : 테헤란
통화 : 이란 리얄
언어 : 페르시아어
면적 : 약 164만 8,190㎢
인구 : 약 8,130만 명
종교 : 이슬람교

국장

이스라엘 Israel

서아시아에 위치한 지중해 동남쪽 연안과 아라비아 반도 서북쪽 일대에 비교적 작은 나라예요. 팔레스타인에서 아랍 유대민족이 떨어져 나와 1948년 독립을 했어요. 지금도 팔레스타인과 이스라엘은 유대교 성지를 되찾기 위해 긴장상태를 유지하고 있어요. 국기의 하얀색 바탕 위아래에는 파란색 가로 줄무늬가 그려져 있으며, 파란색 가로 줄무늬에는 파란색 다윗의 별이 그려져 있어요.

공식 국명 : 이스라엘국
수도 : 예루살렘
통화 : 셰켈
언어 : 히브리어, 아랍어
면적 : 약 2만 760㎢
인구 : 약 845만 명
종교 : 유태교, 이슬람교, 기독교

예루살렘

국장

인도 India

남아시아 국가로 세계에서 두 번째로 인구가 많은 국가이며, 토지 면적 기준으로 일곱 번째로 큰 국가예요. 1947년 간디의 주도하에 영국의 지배를 벗어나 독립하였고, 힌두교, 불교의 발상지이며, 고대 인더스문명 탄생지예요. 국기의 주황색은 용기와 헌신을, 흰색은 진리와 평화를, 초록색은 믿음과 번영을 의미하며, 파란색 법륜은 마우리아 제국의 황제였던 아소카의 사자상에 새겨져 있는 법륜에서 유래되었어요.

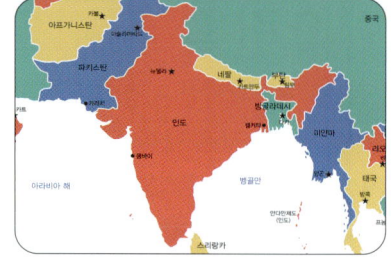

공식 국명 : 인도공화국
수도 : 뉴델리
통화 : 루피
언어 : 힌디어, 영어
면적 : 약 329만㎢
인구 : 약 12억 5,150만 명
종교 : 힌두교, 이슬람교, 기독교

뉴델리(인도 대통령의 공식관저 라슈트라파티 바반)

국장

인도네시아 Indonesia

인도양과 태평양 사이에 있는 동남아시아와 오세아니아에 있는 수마트라, 자바, 보르네오 등 17,000개 이상의 섬으로 구성되어 있어요. 인도네시아는 세계에서 가장 큰 섬나라이자 면적 기준으로 14번째로 큰 나라이며, 인구가 2억 6,700만 명이 넘어요. 세계에서 4번째로 인구가 많은 국가이자 가장 많은 무슬림 국가예요. 국기의 빨간색과 하얀색 가로 줄무늬로 구성되어 있으며 인도네시아어로는 '당당한 빨간색과 흰색'이라는 뜻의 상 사카 메라 푸티라고 부르며, 빨간색은 용기를, 흰색은 순결을 의미해요.

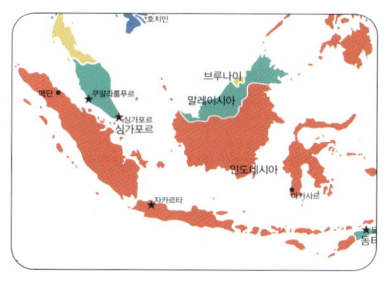

공식 국명 : 인도네시아공화국
수도 : 자카르타
통화 : 루피아
언어 : 인도네시아어
면적 : 약 191만㎢
인구 : 약 2억 6,700만 명
종교 : 이슬람교, 개신교

자카르타(미니어처 공원)

국장

일본 Japan

일본은 큰 섬 4개(홋카이도, 혼슈, 시코쿠, 규슈)와 작은 섬을 중심으로 이루어진 아시아 동쪽에 있는 '열도'예요. 우리나라와 중국 등을 식민지화하였고, 제2차 세계 대전에 참전하여 원자폭탄 투하를 받고 1945년에 항복했어요. 일본은 세계에서 11번째로 인구가 많은 국가이자 가장 인구 밀도가 높고 도시화된 국가 중 하나예요. 국기는 일장기 또는 태양의 깃발이라는 의미가 담겨 있어요.

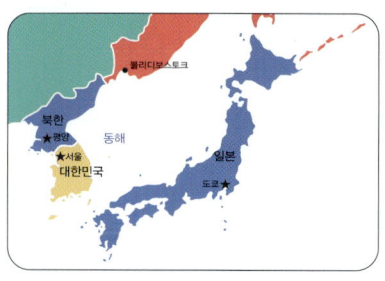

공식 국명 : 일본국
수도 : 도쿄
통화 : 엔
언어 : 일본어
면적 : 약 37만 7,910㎢
인구 : 약 1억 2,692만 명
종교 : 신도, 불교, 기독교

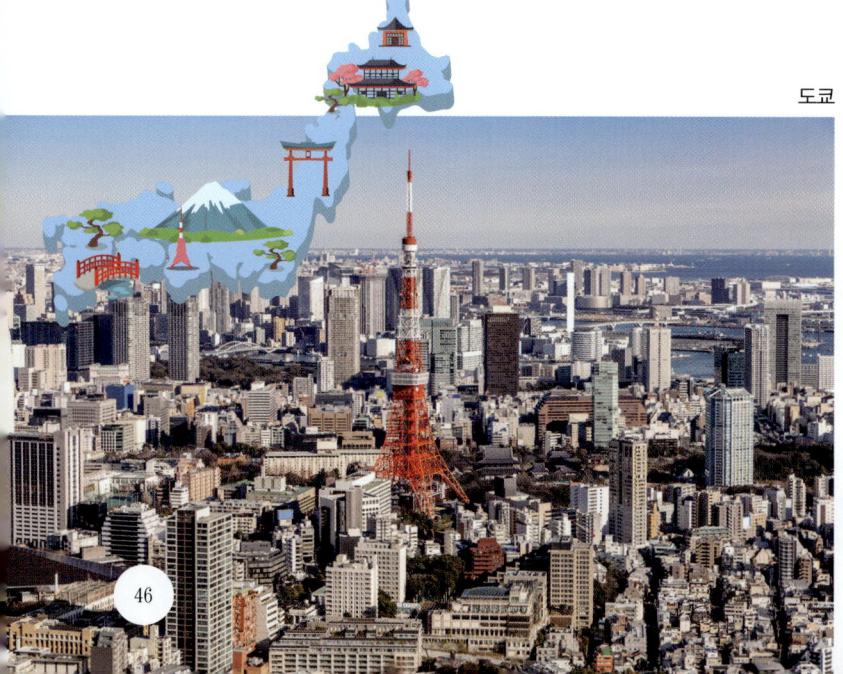

도쿄

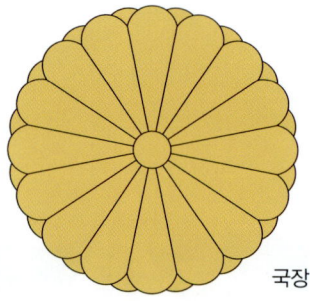

국장

조지아 Georgia

조지아는 유럽과 아시아의 경계를 이루는 나라예요. 아시아에 속해 있지만 유럽에 가까운 위치에 있으며 1990년 구소련의 붕괴로 러시아로부터 독립한 국가 중 하나로, 예전에는 러시아 명인 '그루지야'로 불렸지만 이후 영어식 '조지아'로 나라 이름을 바꿨어요. 국기는 흰색 바탕에 빨간색 성 게오르기우스(초기 기독교의 순교자이자 14성인 가운데 한 사람)의 십자가가 그려져 있으며 흰색은 평화에 대한 희망을 의미해요.

공식 국명 : 조지아
수도 : 트빌리시
통화 : 라리
언어 : 조지아어
면적 : 약 6만 9,000㎢
인구 : 약 491만 명
종교 : 조지아정교

트빌리시

국장

47

중국 China

아시아 동부에 있는 나라로, 세계에서 가장 인구가 많은 나라로 러시아, 캐나다, 미국에 이어 세계에서 4번째로 큰 나라예요. 중국은 사회주의 공화국이며 자본주의 경제를 받아들여 성장을 지속하고 있어요. 정치적 반체제 인사들과 인권 단체들은 특히 1989년에 중국 정부가 정치적 억압, 종교 및 소수 민족 억압, 검열, 대중 감시, 시위에 대한 대응 등 광범위한 인권 침해에 대해 비난받고 있어요. 국기의 큰 별은 중국 공산당을, 네 개의 작은 별은 노동자, 농민, 소자산 계급과 민족 자산 계급을, 빨간색은 공산주의와 혁명, 노란색은 광명을 의미해요.

베이징(천안문)

공식 국명 : 중화인민공화국
수도 : 베이징
통화 : 위안
언어 : 중국어
면적 : 약 959만 7,000㎢
인구 : 약 13억 7,350만 명
종교 : 불교, 도교, 기독교

국장

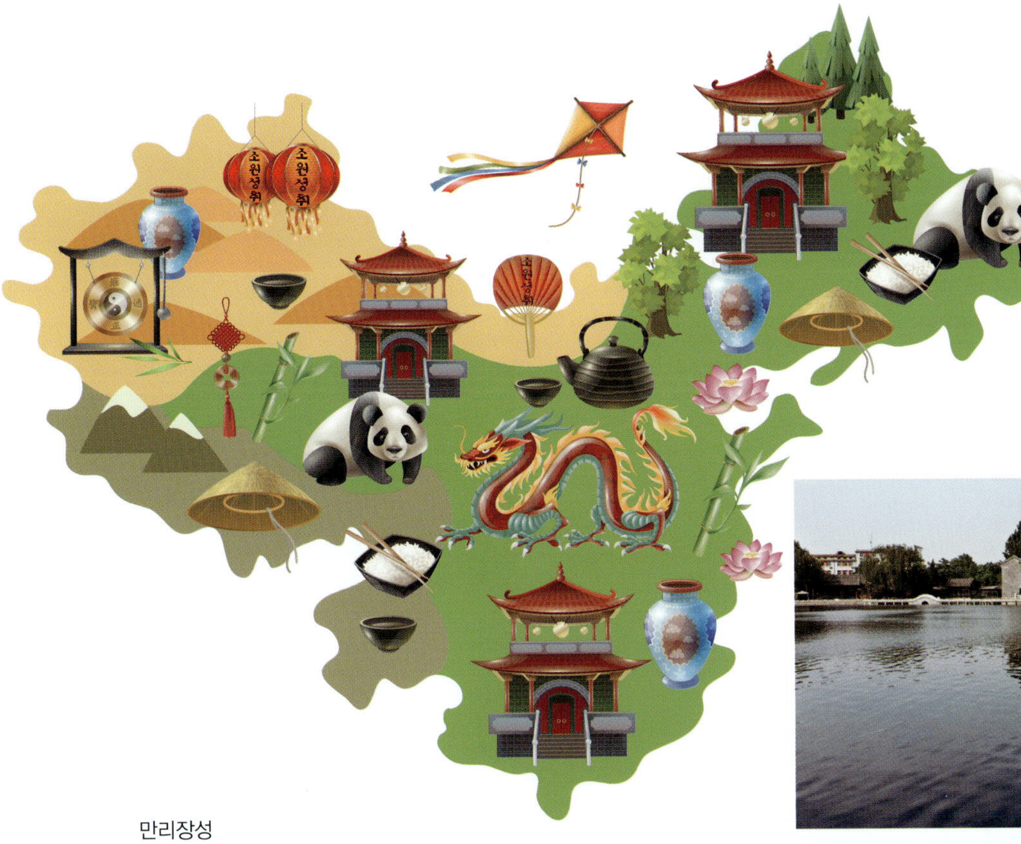

베이징 스차하이 풍경

만리장성

카자흐스탄 Kazakhstan

중앙아시아의 북부에 위치한, 세계에서 9번째로 큰 내륙 국가예요. 1917년 러시아 혁명과 내전 이후 카자흐스탄 영토는 여러 차례 재편되었으며, 1936년 카자흐스탄 소련 사회주의 공화국이 되었고, 1991년 소련이 해체되는 동안 독립을 하였으며, 석유 및 가스 산업을 통해 경제가 급성장하고 있어요. 국기의 하늘색은 카자흐스탄의 민족과 문화의 조화를, 태양은 풍요로움과 번영을, 햇살은 풍요로움과 번영의 기초를, 황금 독수리는 독립과 자유, 나라의 미래를 향한 비상을 나타내요.

공식 국명 : 카자흐스탄공화국
수도 : 누르술탄
통화 : 텡게
언어 : 러시아어, 카자흐어
면적 : 약 272만 4,900㎢
인구 : 약 1,815만 7,130명
종교 : 이슬람교, 러시아정교, 개신교

누르술탄

국장

카타르 Qatar

아라비아 반도의 동부 페르시아만에 튀어나온 카타르 반도에 있는 국가예요. 1971년 영국으로부터 독립했으며, 세계에서 3번째로 큰 천연가스 매장량과 석유 매장량으로 뒷받침되는 고소득 경제와 복지 혜택을 받고 있으며, 국민은 세금을 내지 않고 살아요. 국기의 흰색은 평화를, 밤색은 카타르가 겪은 여러 차례의 전쟁에서 흘렸던 피를 의미하며, 아홉 개의 톱니는 1916년 영국과 맺은 특별 조약을 통해 카타르가 영국의 보호령으로 편입된 페르시아만의 9번째 토후국임을 의미해요.

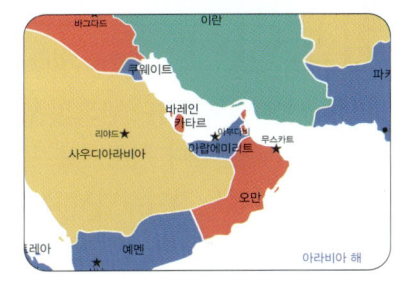

공식 국명 : 카타르국
수도 : 도하
통화 : 카타르 리얄
언어 : 아랍어
면적 : 약 1만 1590㎢
인구 : 약 219만 4,800명
종교 : 이슬람교

도하

국장

캄보디아 Cambodia

동남아시아 인도차이나 반도의 남부에 위치한 나라예요. 1953년 프랑스의 지배를 받다 왕국으로 독립했고, 내전으로 크메르 루주는 1975년 프놈펜을 장악하면서 200만 명 이상이 희생되었어요. 세계문화유산으로 지정된 '앙코르 와트'의 건축물은 아주 유명해요. 국기의 가운데 백색 그림은 캄보디아의 대표 문화유적 앙코르와트, 파란색은 왕실과 평화로운 나라를, 빨간색은 불의에 대한 투쟁과 강인한 캄보디아의 정신을, 흰색은 불교를 의미해요.

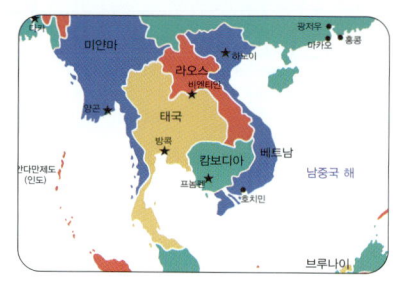

공식 국명 : 캄보디아왕국
수도 : 프놈펜
통화 : 리엘
언어 : 크메르어, 불어
면적 : 약 18만 1,040km²
인구 : 약 1,570만 8,700명
종교 : 불교

앙코르와트

국장

쿠웨이트 Kuwait

중동 아라비아 반도 북쪽 가장자리에 위치한 이슬람 국가예요. 영국의 식민 지배를 받았으며 1960년 영국으로부터 독립을 했어요. 쿠웨이트는 반민주적 정치 체제를 갖춘 입헌 주권 국가예요. 쿠웨이트는 세계 6위의 석유 매장량으로 고소득 경제를 보유하고 있으며, 1인당 소득이 세계에서 19번째로 높아요. 국기의 초록색은 쿠웨이트의 풍요로운 국토를, 흰색은 쿠웨이트의 평화와 순수를, 검은색은 쿠웨이트가 치른 전쟁을, 빨간색은 쿠웨이트가 여러 차례의 전쟁에서 흘린 피를 나타내요.

공식 국명 : 쿠웨이트국
수도 : 쿠웨이트
통화 : 쿠웨이트 디나르
언어 : 아랍어, 영어
면적 : 약 1만 7,800㎢
인구 : 약 277만 명
종교 : 이슬람교, 기독교, 힌두교

쿠웨이트

국장

키르기스스탄 Kyrgyzstan

중앙아시아 북부에 있는 내륙국으로 중국과 카자흐스탄 사이에 길게 걸쳐 있어요. 1864년 제정러시아에 정복되어 1991년에 독립했지만, 독립 이후에도 정치적 갈등으로 내전이 지속되어 수십만의 난민이 발생했지만 공식적으로는 단일 의회 공화국이에요. 국기의 빨간색은 용기를, 노란색 태양은 평화와 풍요로움을 의미해요.

공식 국명 : 키르기스스탄공화국
수도 : 비쉬켁
통화 : 솜
언어 : 키르기즈어, 러시아어
면적 : 약 19만 9,950㎢
인구 : 약 578만 명
종교 : 이슬람교, 러시아정교

비쉬켁

국장

키프로스 Cyprus

키프로스는 지중해의 주요 관광지인 섬나라예요. 영국의 식민지가 되었지만 1960년 독립을 했어요. 고고학적 유물에는 잘 보존된 신석기 시대 마을인 코이로코이티아가 있으며, 키프로스는 세계에서 가장 오래된 우물 중 일부가 있는 곳이에요. 국기의 지도 색은 구리의 풍부한 생산을 상징하며, 올리브나무 잎은 분쟁이 끊이지 않는 그리스계, 터키계 간의 평화와 화해에 대한 희망을 나타내요.

공식 국명 : 키프로스공화국
수도 : 니코시아
통화 : 유로화
언어 : 그리스어, 터키어, 영어
면적 : 약 9,250㎢
인구 : 약 122만 명
종교 : 그리스정교, 이슬람교

니코시아

국장

타지키스탄 Tajikistan

내륙국이며 중앙아시아에서 가장 작은 국가로 제정러시아의 지배 아래서 1991년 소련이 해체되면서 독립된 주권 국가가 되었어요. 국토 대부분이 높은 산과 강으로 되어 있어 수력발전이 발달되었으며, 제련 공장은 중앙아시아에서 가장 큰 알루미늄 제조 공장이자 타지키스탄의 주요 산업 자산이에요. 국기의 가운데에는 노란색 왕관이 7개의 노란색 별에 둘러싸여 있는 모양의 디자인이 그려져 있어요. 빨간색은 나라의 통합을, 흰색은 순수함, 국민의 통합과 면화를, 초록색은 농업과 이슬람교의 정신적인 의미를 나타내요.

공식 국명 : 타지키스탄공화국
수도 : 두샨베
통화 : 소모니
언어 : 타지크어, 러시아어
면적 : 약 14만 3,100㎢
인구 : 약 820만 명
종교 : 이슬람교

파미르 고원

국장

태국 Thailand

태국은 동남아시아 인도차이나 반도의 중심에 위치한 나라예요. 동남아시아 국가 연합의 창립 회원이며 여전히 미국의 주요 동맹국이에요. 국민의 대부분이 불교를 믿고 있으며, 산업화된 경제와 제조업, 농업 및 해안가의 휴양지로 관광업산업이 발달했어요. 국기에서 중앙의 청색 부분은 국왕을 의미하고, 흰색은 불교를, 제일 바깥쪽의 빨간색은 국민의 피 즉, 태국을 구성하고 있는 국왕, 불교, 국민을 표현하며 국민의 피로써 불교를 정신적 바탕으로 하여 국왕을 수호하고 있는 태국의 현실을 상징해요.

공식 국명 : 타이왕국
수도 : 방콕
통화 : 밧
언어 : 타이어
면적 : 약 51만㎢
인구 : 약 6,840만 명
종교 : 불교

방콕

국장

투르크메니스탄 Turkmenistan

중앙아시아 남단의 이슬람 국가예요. 소비에트연방에 속했다가 1991년 소련의 해체로 독립되었어요. 세계에서 4번째로 많은 천연가스 매장량을 보유하고 있으며, 국토의 90%가 사막으로 덮여 있어요. 시민들은 정부에서 제공한 전기, 수도, 천연가스를 무료로 받아요. 국기의 초록색은 이슬람교의 전통과 숭고함을, 빨간색의 융단 무늬는 투르크메니스탄 다섯 지방의 전통 카펫 무늬이며, 아랍 문화의 전통과 이에 대한 계승을 뜻하며 초승달과 5개의 별은 이슬람교 국가임을 뜻해요.

- 공식 국명 : 투르크메니스탄공화국
- 수도 : 아슈하바드
- 통화 : 마나트
- 언어 : 투르크메니스탄어
- 면적 : 약 48만 8,100㎢
- 인구 : 약 523만 1,420명
- 종교 : 이슬람교, 동방정교

아슈하바드

국장

튀르키예 Türkiye

튀르키예는 서아시아(아나톨리아 반도)와 동남유럽(발칸 반도 일부)에 걸쳐 있는 나라로, 수도는 앙카라, 최대 도시는 이스탄불 입니다. 2021년 말부터 튀르키예 정부는 자국 명칭을 국제적으로도 "터키" 대신 "튀르키예"로 표기해 달라고 요청했고, 2022년 6월 유엔에서도 이를 공식 인정했습니다. 그 이유는 "터키"가 영어로 '칠면조(새)'를 뜻하기도 해 부정적 이미지를 줄 수 있다는 점과, 자국의 문화·정체성을 강조하기 위해서였습니다.

공식 국명 : 튀르키예 공화국
수도 : 앙카라
통화 : 튀르키예 리라
언어 : 터키어, 쿠르드어, 아랍어
면적 : 약 78만 3,560㎢
인구 : 약 8,500만 명
종교 : 이슬람교

앙카라

국장

파키스탄 Pakistan

서남아시아에 있는 나라로 인구가 2억 1,220만 명을 넘어 세계에서 5번째로 인구가 많은 나라이자, 세계에서 2번째로 많은 무슬림 인구를 가지고 있어요. 영국의 지배를 받다 1947년 인도에서 분리 독립되어 1956년에는 공화국이 성립되었어요. 파키스탄은 중국과 공식적인 외교 관계를 맺은 최초의 국가 중 하나이며, 1962년 중국과 인도와의 전쟁 이후 특별한 관계를 형성하고 있어요. 국기의 흰색은 평화, 초록색은 번영, 초승달은 발전, 별은 빛과 지식을 상징하며, 초승달과 별은 파키스탄이 이슬람교 국가임을 의미해요.

이슬라마바드(파이샬 모스크)

공식 국명 : 파키스탄 이슬람공화국
수도 : 이슬라마바드
통화 : 루피
언어 : 우르두어, 영어, 펀잡어, 신드어, 푸쉬트어
면적 : 약 79만 6,100㎢
인구 : 약 2억 1,220만 명
종교 : 이슬람교, 기독교, 힌두교

국장

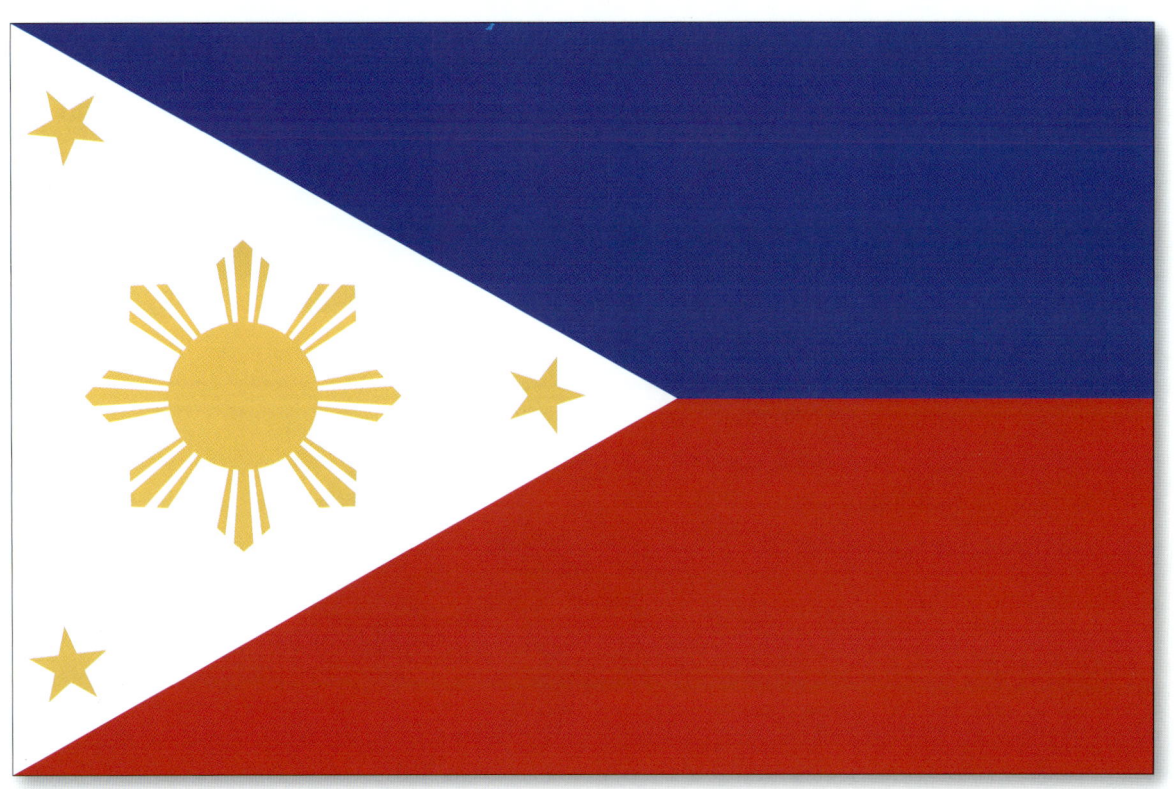

필리핀 Philippines

아시아 대륙 남동쪽의 서태평양에 위치한 약 7,641개의 섬으로 구성되어 있어요. 필리핀은 태평양의 불의 고리에 있고 적도에 가까운 섬나라로서 지진과 태풍에 취약해요. 스페인과 미국의 지배를 받다 1946년에 독립했어요. 이 나라는 다양한 천연자원과 세계적으로 상당한 수준의 생물 다양성을 보유하고 있으며 세부 등 휴양지가 많아요. 국기의 파란색은 이상, 빨간색은 용기, 흰색은 평화와 평등을 상징하며, 3개의 별은 필리핀의 주요 섬인 루손섬, 비사야 제도, 민다나오섬을 상징해요.

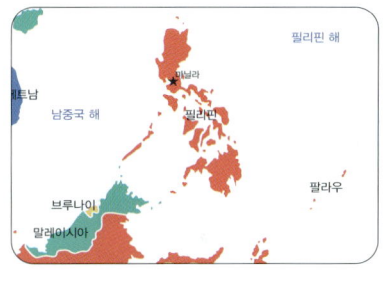

공식 국명 : 필리핀공화국
수도 : 마닐라
통화 : 페소
언어 : 영어, 타갈로그어
면적 : 약 30만㎢
인구 : 약 1억 99만 8,000명
종교 : 가톨릭, 이슬람교

마닐라

국장

유럽 Europe

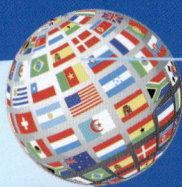

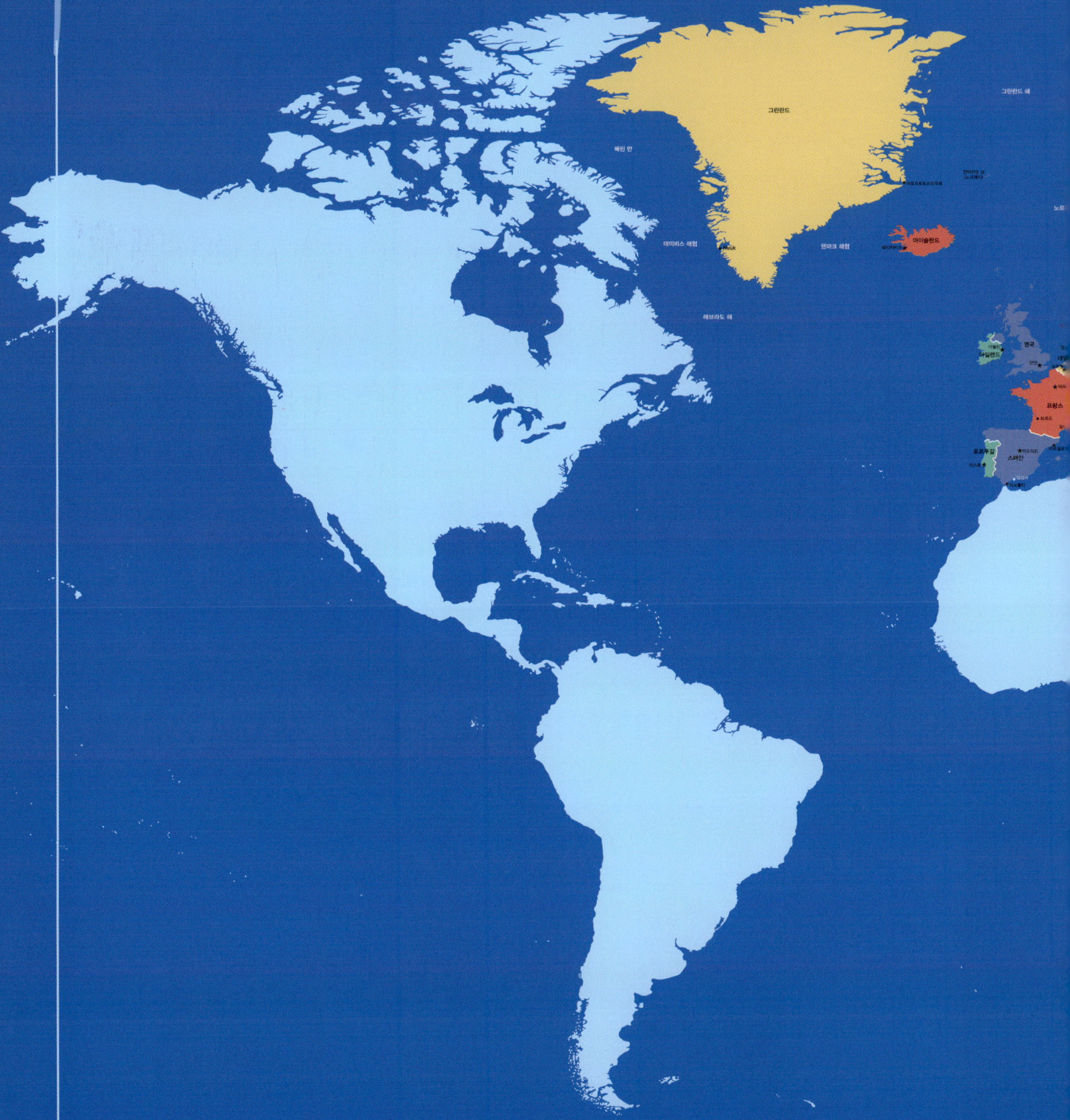

그린란드
그린란드 해
배핀 만
데이비스 해협
Nuuk
덴마크 해협
아이슬란드
래브라도 해
영국
아일랜드
런던
파리
프랑스
포르투갈
스페인
마드리드
지브롤터

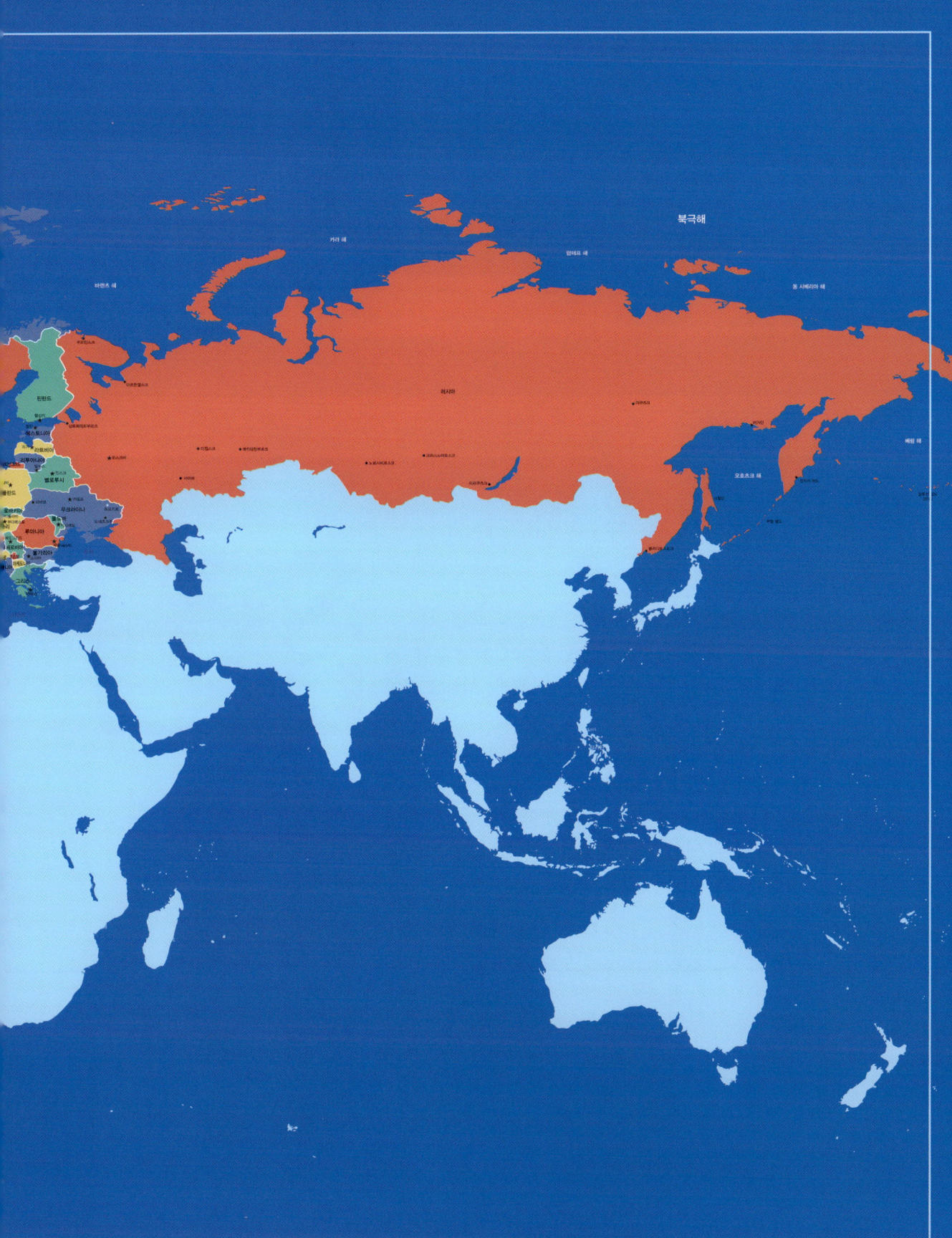

그리스 Greece

유럽 남동부 발칸 반도의 남쪽 끝에 위치한 그리스는 유럽, 아시아 및 아프리카의 교차로에 있어요. 그리스는 민주주의, 서양 철학, 서양 문학, 역사학, 정치 과학, 주요 과학 및 수학 원리, 서양 드라마 및 올림픽의 발상지인 서양 문명의 요람으로 간주되어요. 이 나라의 풍부한 역사적 유산은 18개의 유네스코 세계 문화유산이 있어요. 국기의 5개 파란색 줄무늬는 자유를, 4개의 하얀색 줄무늬는 죽음을 의미해요. 또한 9개의 줄무늬는 그리스 신화에 등장하는 학술과 예술을 관장하는 9명의 여신인 무사를 의미한다는 설이 있어요.

아테네 헤로데스 아티쿠스 극장

공식 국명 : 그리스공화국
수도 : 아테네
통화 : 유로
언어 : 그리스어
면적 : 약 13만 1960㎢
인구 : 약 1,077만 5,600명
종교 : 그리스정교, 이슬람교

국장

네델란드 Netherlands

서유럽과 부분적으로 카리브해에 위치한 국가로 네델란드 왕국의 가장 큰 구성 국가를 형성하고 있어요. 네델란드는 낮은 고도와 평평한 지형과 관련하여 말 그대로 '낮은 국가'라는 뜻으로 바다보다 낮아 붙여졌어요. 비옥한 토양, 온화한 기후, 집약적인 농업 및 창의성으로 인해 세계에서 두 번째로 큰 식품 및 농산물 수출국이에요. 국기는 빨간색은 용기를, 흰색은 신앙을, 파란색은 충성을 상징해요.

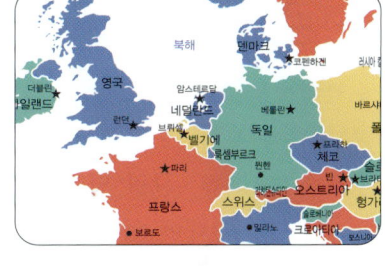

공식 국명 : 네델란드 왕국
수도 : 암스테르담
통화 : 유로
언어 : 네델란드어, 프리지아어
면적 : 약 4만 1,000㎢
인구 : 약 1,701만 명
종교 : 로마가톨릭, 무교

암스테르담

국장

노르웨이 Norway

노르웨이는 북유럽 국가에서 북부 유럽 본토 영토의 서쪽과 북쪽 부분을 포함 스칸디나비아 반도에 있어요. 이 나라는 석유, 수력발전, 어류, 산림 및 광물을 포함한 천연자원이 풍부해요. 1960년대에 석유와 천연가스의 대량 매장량이 발견되어 세계에서 가장 높은 생활수준의 복지가 뛰어난 선진국이에요. 국기는 1821년 제정되었어요. 덴마크의 국기 형태인 빨간색 바탕에 그려진 흰색 스칸디나비아 십자가가 있어요.

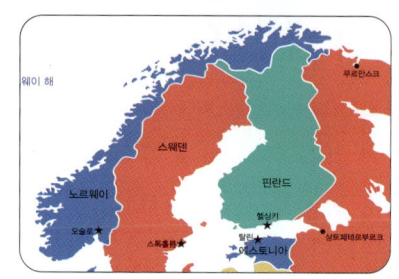

오슬로 국회의사당

공식 국명 : 노르웨이 왕국
수도 : 오슬로
통화 : 크로네
언어 : 노르웨이어
면적 : 약 32만 3,800km²
인구 : 약 520만 7,000명
종교 : 복음루터교

국장

덴마크 Denmark

북유럽 국가에서 북유럽의 최남단인 스칸디나비아를 향에 튀어 나온 섬으로 구성된 왕국이에요. 19세기 하반기에 산업화된 농산물 수출국인 덴마크는 20세기 초에 사회 및 노동 시장 개혁을 도입하여 고도로 발전된 혼합 경제로 현재 복지 국가 모델의 기반을 마련했어요. 국기는 전설에 의하면 발데마르 2세 국왕이 에스토니아 원정 도중에 린다이니세(현재의 에스토니아 탈린) 전투에서 고전을 겪고 있을 때 하늘에서 흰색 십자가와 빨간색 깃발이 등장하면서 덴마크 군대가 승리했다고 해요.

공식 국명 : 덴마크왕국
수도 : 코펜하겐
통화 : 덴마크 크로네
언어 : 덴마크어
면적 : 약 4만 3,000㎢
인구 : 약 558만 1,500명
종교 : 복음주의루터교

코펜하겐 궁전

국장

독일 Germany

독일은 총리가 이끄는 연방의회 공화국이에요. 유럽에서 2번째로 인구가 많은 국가이며, 여러 산업 및 기술 분야의 글로벌 리더로서 세계에서 3번째로 수출을 많이 하는 나라예요. 10세기에 시작된 독일 영토는 신성 로마 제국의 중앙 부분을 형성했어요. 히틀러는 나치 독일 시기 2차 세계대전을 일으키고 유대인을 학살하는 만행을 저질렀으며, 나치 독일 범죄자들은 처벌받았어요. 국기의 검은색, 빨간색, 금색은 제1차 세계 대전 이후 성립된 민주 공화제과 관련이 있으며 독일의 단결과 자유를 상징해요.

공식 국명 : 독일연방공화국
수도 : 베를린
통화 : 유로화
언어 : 독일어
면적 : 약 35만 7,000㎢
인구 : 약 8,085만 4,000명
종교 : 개신교, 가톨릭, 이슬람교

베를린에 있는 의회 건물

국장

라트비아 Latvia

북유럽 발트해 지역에 있는 나라예요. 발트해 연안 3국 중 하나로 언급되어요. 북쪽으로는 에스토니아, 남쪽으로는 리투아니아, 동쪽으로는 러시아, 남동쪽으로는 벨라루스와 접해 있으며, 발트해의 소련 통치로부터 해방을 요구하여 1991년 독립해 공화국이 되었어요. 국기의 밤색은 전쟁 과정에서 흘린 국민의 피와 조국 수호에 대한 단호한 결의를, 흰색은 자유로운 시민의 성실함, 진실과 정의와 자유를 의미해요.

공식 국명 : 라트비아 공화국
수도 : 리가
통화 : 유로
언어 : 라트비아어, 러시아어
면적 : 약 6만 4,500㎢
인구 : 약 198만 6,000명
종교 : 루터교, 러시아정교, 가톨릭

리가

국장

러시아 Russia

세계에서 가장 큰 나라로 동유럽과 북아시아에 위치한 대륙 횡단 국가예요. 소련은 제2차 세계 대전에서 연합군의 승리에 결정적인 역할을 했으며 냉전 기간 동안 미국에 대한 초강대국이자 라이벌로 부상했어요. 인간이 만든 최초의 인공위성과 우주 분야에서는 미국을 앞서기도 했어요. 세계적으로 석유 및 천연가스의 주요 생산국이며, 풍부한 문화유산을 가지고 있어요. 국기의 흰색은 고귀함과 진실·솔직·자유를, 파란색은 정직과 헌신·충성을, 빨간색은 용기와 사랑·자기희생을 나타내요.

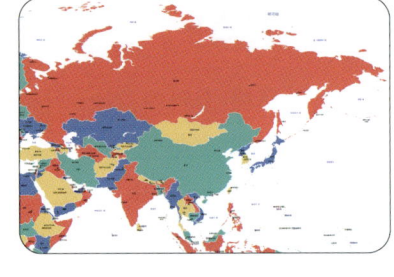

공식 국명 : 러시아연방
수도 : 모스크바
통화 : 루블
언어 : 러시아어
면적 : 약 1,709만 8,000㎢
인구 : 약 1억 4,242만 3,700명
종교 : 러시아정교, 이슬람교 등

모스크바

국장

모스크바의 빌딩

루마니아 Romania

유럽의 남동부에 있는 나라이며, 현대 루마니아는 1859년 몰다비아와 왈라키아의 다누비아 공국의 연합을 통해 형성되었어요. 구소련의 점령 아래 사회주의 국가에서 1989년 공화국으로 바뀌었어요. 민주주의와 시장 경제를 도입하여 2000년대 초 급속한 경제 성장에 따라 서비스업에 기반을 둔 경제를 보유하고 기계 및 전기 에너지의 생산자이자 수출국이에요. 국기의 파란은 자유를, 빨간색은 희생을, 노란색은 풍요를 나타내요.

- 공식 국명 : 루마니아
- 수도 : 부쿠레슈티
- 통화 : 레이
- 언어 : 루마니아어
- 면적 : 약 23만 8,300㎢
- 인구 : 약 2,166만 6,300명
- 종교 : 루마니아정교, 가톨릭, 개신교

부쿠레슈티

국장

룩셈부르크 Luxembourg

룩셈부르크는 프랑스·벨기에·독일 사이에 위치한 국가이며 왕이나 대통령이 아니라 귀족 신분인 대공이 통치하는 대공국이에요. 룩셈부르크는 세계에서 국민 소득이 높은 나라 중 하나이기도 하며, 세계 최대의 철강업체 아르셀로미탈의 본사가 룩셈부르크에 있어요. 국기의 빨간색, 흰색, 하늘색 세 가지 색은 룩셈부르크 대공가를 상징하는 색으로 흰색과 하늘색 두 가지 색으로 구성된 가로 줄무늬 바탕에 빨간색 사자가 그려져 있는 문장에서 유래되었어요.

룩셈부르크

공식 국명 : 룩셈부르크대공국
수도 : 룩셈부르크
통화 : 유로화
언어 : 룩셈부르크어, 독일어, 프랑스어
면적 : 약 2,585㎢
인구 : 약 57만 200명
종교 : 가톨릭, 개신교

국장

리투아니아 Lithuania

발트해 3국 중 가장 큰 나라로 연안에 있는 나라예요. 제2차 세계 대전이 끝나가고 독일군이 퇴각하자 소련은 리투아니아를 다시 점령했어요. 소련이 공식적으로 해체되기 1년 전인 1990년 리투아니아는 독립을 선언한 최초의 발트해 국가가 되었어요. 국기의 노란색은 빛과 태양을, 초록색은 리투아니아의 자연을, 빨간색은 활력을 의미해요.

공식 국명 : 리투아니아공화국
수도 : 빌뉴스
통화 : 유로
언어 : 리투아니아어, 러시아어
면적 : 약 6만 5,300㎢
인구 : 약 288만 4,00명
종교 : 가톨릭, 러시아정교

빌뉴스

국장

리히텐슈타인 Liechtenstein

리히텐슈타인은 독일어권 알프스와 중부 유럽의 서쪽과 남쪽으로 스위스, 동쪽과 북쪽으로 오스트리아와 접해 있어요. 유럽에서 4번째로 작은 국가이며, 경제적으로 리히텐슈타인은 구매력 평가를 조정했을 때 세계에서 1인당 국내 총생산이 가장 높은 곳 중 하나예요. 국기의 파란색은 하늘을, 빨간색은 불을 의미하며, 금색 왕관은 국민과 통치자가 하나가 된다는 것을 의미해요.

공식 국명 : 리히텐슈타인공국
수도 : 파두츠
통화 : 스위스 프랑
언어 : 독일어
면적 : 약 160㎢
인구 : 약 3만 7,600명
종교 : 가톨릭

왕자와 가족이 거주하는 성

국장

모나코 Monaco

유럽의 프랑스 남동부 지중해의 도시국가로, 프랑스와 북쪽, 동쪽, 서쪽과 국경을 접하고 있어요. 세계에서 가장 인구 밀도가 높은 주권 국가예요. 조세 피난처로 잘 알려져 있으며 거주 인구의 30% 이상이 백만장자예요. 국기의 빨간색과 흰색 두 가지 색은 그리말디 왕조를 상징하는 색으로, 1339년에 처음 사용되었어요.

공식 국명 : 모나코 공국
수도 : 모나코
통화 : 유로화
언어 : 프랑스어
면적 : 약 2㎢
인구 : 약 3만 500명
종교 : 가톨릭

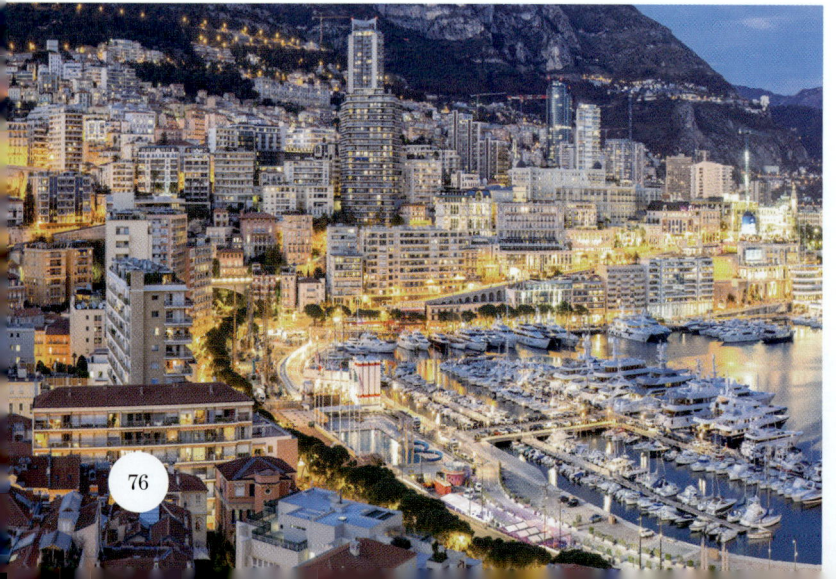

모나코 항의 요트

국장

몬테네그로 Montenegro

발칸 반도의 아드리아해 연안에 있는 남동부 유럽에 있는 나라예요. 몬테네그로라는 이름은 15세기 후반에 이 나라를 가리키는 데 처음 사용되었어요. 제1차 세계 대전 이후 유고슬라비아의 일부가 되었으며 2006년 열린 독립 국민투표 이후 몬테네그로는 독립을 선언했고 연방은 평화롭게 해체되었어요. 국기의 금색 테두리에 빨간색 직사각형이 그려져 있으며, 빨간색 직사각형 가운데에는 몬테네그로의 국장이 그려져 있어요. 국장은 니콜라 1세 왕실기의 국장을 사용했어요.

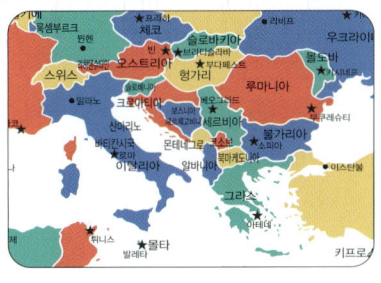

포드고리차

공식 국명 : 몬테네그로 공화국
수도 : 포드고리차
통화 : 유로화
언어 : 몬테네그로어
면적 : 약 13,800㎢
인구 : 약 64만 7,000명
종교 : 정교, 이슬람교, 가톨릭

국장

몰도바 Moldova

유럽 동부 루마니아와 우크라이나 사이에 있는 내륙국이에요. 몰다비아 소비에트 사회주의 공화국이 1991년 소련 해체가 진행되면서 몰도바는 독립하였어요. 산업 및 농업 생산량이 감소함에 따라 서비스 부문은 몰도바 경제를 장악할 정도로 성장했으며, 유럽에서 가장 가난한 국가로 대륙에서 인간 개발 지수도 가장 낮아요. 국기의 파란색, 노란색, 빨간색 3가지 색의 세로 줄무늬 바탕에 몰도바의 국장이 그려져 있어요.

공식 국명 : 몰도바공화국
수도 : 키시네프
통화 : 레우
언어 : 몰도바어, 러시아어
면적 : 약 3만 3,800㎢
인구 : 약 354만 6,800명
종교 : 동방정교, 유대교

국장

키시네프

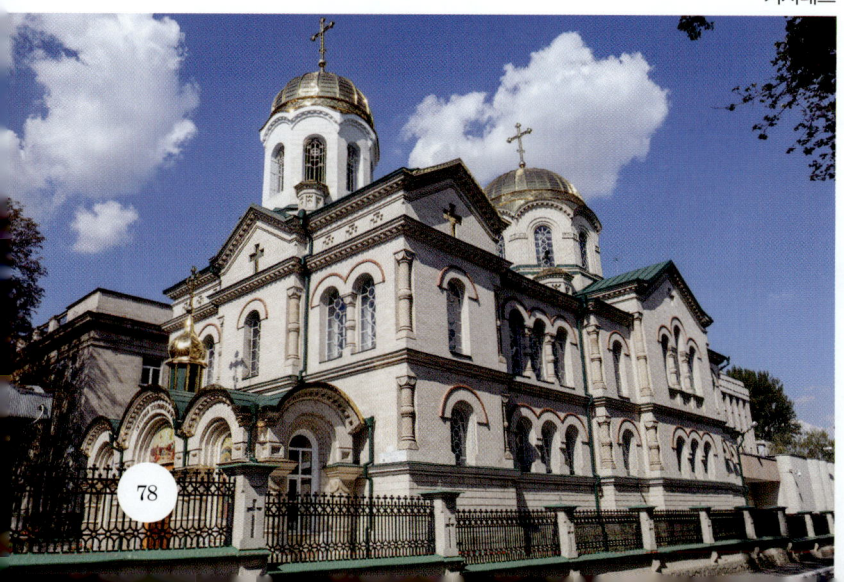

몰타 Malta

남부 유럽 지중해 군도로 구성된 섬나라예요. 세계에서 10번째로 작은 국가로 인구 밀도가 가장 높은 4번째 주권 국가이며 몰타는 영국 식민지가 되었으며, 따뜻한 기후, 수많은 레크리에이션 등 유네스코 세계문화유산을 포함하여 건축 및 역사적 기념물이 있는 관광지예요. 국기는 빨간색과 흰색 두 가지 색으로 구성된 세로 줄무늬 바탕에 왼쪽 상단에는 제2차 세계 대전 중이었던 1943년 당시 영국의 국왕이었던 조지 6세가 몰타인들에게 수여했던 세인트 조지 훈장이 그려져 있어요.

공식 국명 : 몰도바공화국
수도 : 키시네프
통화 : 레우
언어 : 몰도바어, 러시아어
면적 : 약 3만 3,800㎢
인구 : 약 354만 6,800명
종교 : 동방정교, 유대교

발레타의 고대 수도

 국장

바티칸시국 Vatican City State

이탈리아의 수도 로마 안에 있는 가톨릭 교황국이에요. 이탈리아로부터 독립한 라테란 조약과는 별개의 영역 '전체 소유, 독점 영토 및 주권 및 관할권' 교황청 자체 주권 기관의 국제법 도시를 유지하고, 국가의 현세적 외교적, 영적 독립과 함께 세계에서 가장 작은 주권 국가예요. 바티칸 시티 내에는 성 베드로 대성당, 시스티나 성당, 바티칸 박물관과 같은 종교 및 문화 유적지가 있어요. 국기는 1825년 교황 레오 12세 때 제정된 국기로 노란색과 흰색은 교황청 위병 모표의 색을 의미하고 문장은 교황의 삼중관과 성 베드로의 열쇠가 서로 엇갈리는 모양이에요.

바티칸시티의 성 베드로 대성전

공식 국명 : 바티칸시국
수도 : 바티칸시티
통화 : 유로화
언어 : 이탈리아어
면적 : 약 0.44㎢
인구 : 약 1,000명
종교 : 로마가톨릭

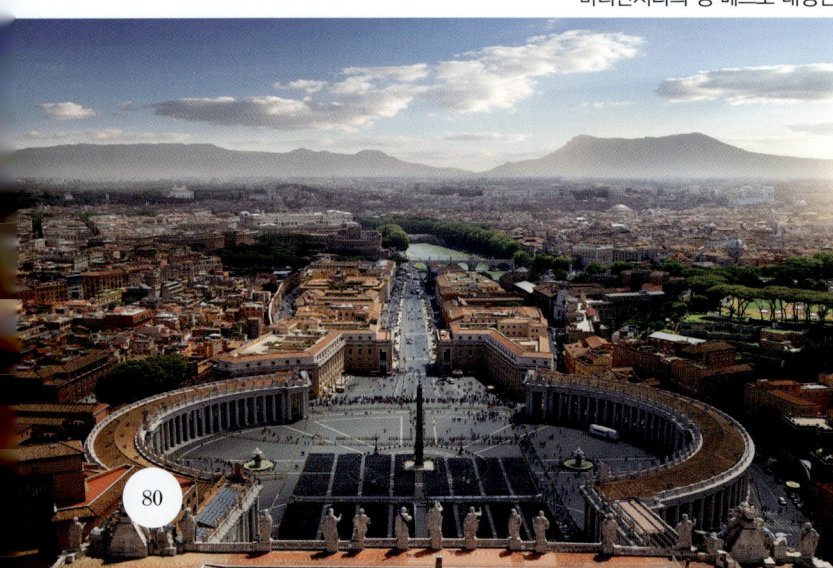

국장

벨기에 Belgium

벨기에 왕국은 서유럽에 있는 네덜란드와 프랑스 사이에 있는 나라예요. 법적으로 벨기에는 주권 국가이자 의회 제도를 갖춘 연방 헌법 군주제예요. 수도인 브뤼셀은 가장 작고 인구 밀도가 가장 높은 지역이자 1인당 GDP 측면에서 가장 부유한 지역이에요. 브뤼셀에는 NATO와 같은 많은 주요 국제기구의 본부가 있어요. 국기의 검은색, 노란색, 빨간색은 브라반트 공국의 문장(검은색 바탕에 빨간 손톱과 빨간 혀를 내밀고 있는 노란색 사자 문양)에서 유래되었어요.

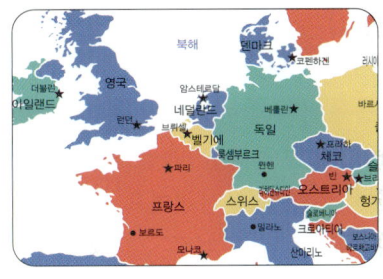

공식 국명 : 벨기에왕국
수도 : 브뤼셀
통화 : 유로화
언어 : 네덜란드어, 프랑스어, 독일어
면적 : 약 3만 500km²
인구 : 약 1,132만 3,900명
종교 : 가톨릭, 개신교

브뤼셀 청사

국장

벨라루스 Belarus

동유럽의 폴란드와 러시아의 사이에 위치한 내륙국이에요. 러시아, 독일 등의 지배를 거쳐 소련 해체 과정에서 벨라루스는 1991년 독립을 선언했어요. 벨라루스는 러시아 북동부, 우크라이나 남쪽, 폴란드 서쪽, 그리고 리투아니아와 라트비아 북서쪽에 있는 수도이자 가장 인구가 많은 도시는 민스크가 있어요. 국기의 빨간색은 벨라루스의 영광스러운 역사를, 초록색은 벨라루스의 삼림과 대지, 미래의 희망을, 흰색은 벨라루스의 전통 의상을 의미해요.

공식 국명 : 벨라루스 공화국
수도 : 민스크
통화 : 벨라루스 루블
언어 : 벨라루스어, 러시아어
면적 : 약 20만 7,600㎢
인구 : 약 958만 9,600명
종교 : 동방정교

민스크의 포베디 광장

국장

보스니아헤르체고비나

Bosnia and Herzegovina

남부 유럽 발칸 반도 서부에 있는 역삼각형처럼 나라예요. 보스니아와 헤르체고비나는 유고슬라비아 왕국의 일부였으며 2차 세계 대전 이후 유고슬라비아가 해체된 후 공화국은 1992년 분리 독립하였어요. 국기의 삼각형은 국토의 모양을, 삼각형 3개의 모서리는 보스니아 헤르체고비나를 구성하는 세 민족인 보스니아인, 크로아티아인, 세르비아인을 의미해요.

공식 국명 : 보스니아 헤르체고비나
수도 : 사라예보
통화 : 마르카
언어 : 세르보, 크로아트어
면적 : 약 5만 1,190㎢
인구 : 약 386만 7,000명
종교 : 이슬람교, 세르비아정교

사라예보 대성당

국장

북마케도니아 Macedonia

남유럽 발칸 반도 한가운데에 있는 내륙국이에요. 북쪽으로 세르비아, 동쪽으로 불가리아, 남쪽으로 그리스, 서쪽으로 알바니아와 접해 있어요. 1991년에 유고슬라비아로부터 국경 변경 없이 평화적으로 마케도니아 공화국으로 분리 독립했어요. 하지만 그리스에도 마케도니아로 명명한 행정 구역이 있어 갈등을 겪다 2019년 2월 13일 국명이 '북마케도니아'로 공식 변경되었어요. 국기의 빨간색 바탕에 8줄기의 햇살을 가진 금색 태양 문양은 알렉산드로스 대왕의 아버지인 필리포스 2세의 황금관의 문양에서 유래되었어요.

스코페의 외무부와 금융, 결찰 건물

공식 국명 : 북마케도니아 공화국
수도 : 스코페
통화 : 디나르
언어 : 마케도니아어
면적 : 약 2만 5,100㎢
인구 : 약 210만 명
종교 : 마케도니아정교, 이슬람교

스코페의 중세 요새 오흐리드

불가리아 Bulgaria

루마니아의 북쪽 세르비아와 접해 있는 동유럽 국가예요. 오스만 제국으로부터 20세기 초 불가리아 왕국으로 독립했으며, 소련의 침략으로 공산주의 정부가 들어섰다가 집권 공산당은 1989년 혁명 이후 권력 독점을 포기하고 다당 선거를 허용했어요. 1991년 민주헌법을 채택한 이후 불가리아는 28개 주로 구성된 단일 의회 공화국으로 되었어요. 국기는 흰색, 초록색, 빨간색 세 가지 색의 가로 줄무늬로 구성되었어요. 흰색은 자유와 평화를, 초록색은 삼림을, 빨간색은 자유를 위해 목숨을 바친 피를 의미해요.

소피아(알렉산더 네브스키 성당)

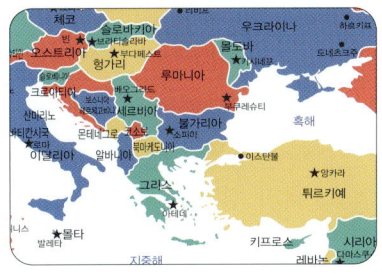

공식 국명 : 불가리아공화국
수도 : 소피아
통화 : 레바
언어 : 불가리아어, 터키어
면적 : 약 11만 800㎢
인구 : 약 718만 6,800명
종교 : 불가리아정교, 이슬람교

국장

산 마리노 San Marino

남부 유럽 이탈리아에 의해 완전히 둘러싸인 산악지대에 위치한 나라예요. 수도는 가파른 산에 있는 나라의 가장 높은 지점에 있어요. 국가 경제는 주로 금융, 산업, 서비스 및 관광에 기반을 두고 있으며, 1인당 GDP 측면에서 세계에서 가장 부유 한 국가 중 하나이며, 유럽에서 실업률이 가장 낮고 국가 부채가 없으며 예산 흑자를 기록하는 매우 안정적인 경제를 가지고 있어요. 국기의 흰색은 평화를, 하늘색은 자유를 뜻해요.

공식 국명 : 산마리노공화국
수도 : 산마리노
통화 : 유로화
언어 : 이탈리아어
면적 : 약 61㎢
인구 : 약 3만 3,000명
종교 : 가톨릭

산 마리노의 요새

국장

세르비아 Serbia

18세기까지 여러 국가들로부터 지배를 받아 왔고, 유고슬라비아의 해체로 세르비아는 몬테네그로와 평화적으로 1918년 이후 처음으로 주권 국가로서 세르비아의 독립을 복원했어요. 코소보와 독립 문제로 내전을 벌려 2008년 코소보가 국제 사회의 도움을 받아 공화국으로 분리 독립했어요. 국기는 범 슬라브 색인 빨간색, 파란색, 흰색 세 가지 색으로 구성된 가로 줄무늬 바탕에 깃대 쪽으로 세르비아의 소형 국장이 그려져 있어요.

공식 국명 : 세르비아공화국
수도 : 베오그라드
통화 : 디나르
언어 : 세르비아어
면적 : 약 7만 7,400㎢
인구 : 약 717만 6,700명
종교 : 세르비아정교, 이슬람교

베오그라드 성 사바 대성당

국장

스웨덴 Sweden

북유럽 스칸디나비아 반도 동쪽에 있는 왕이 헌법에 의해 권력을 인정받는 입헌군주제 국가예요. 스웨덴은 북유럽에서 세 번째로 큰 나라로 철광석 등 자원이 풍부하여 공업이 발달했어요. 스웨덴은 시민들에게 보편적인 의료 서비스와 고등교육을 제공하는 등 연금을 지원하는 복지정책을 펼치고 있어요. 국기는 스웨덴의 국왕이었던 에리크 9세가 십자군의 핀란드 원정에 나서기 전에 하느님께 기도를 올릴 때 파란 하늘에 노란색 빛줄기의 십자가가 나타났다는 전설이 있어요.

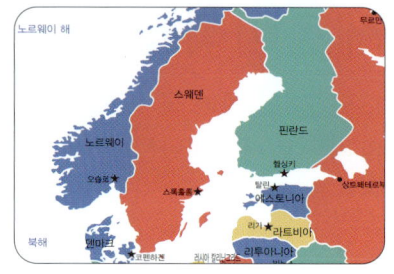

스톡홀름

공식 국명 : 스웨덴왕국
수도 : 스톡홀름
통화 : 스웨덴 크로나
언어 : 스웨덴어
면적 : 약 45만 200㎢
인구 : 약 980만 1,600명
종교 : 복음루터교, 가톨릭

국장

스위스 Switzerland

유럽 중앙부에 있는 나라로, 접경에 이탈리아 남쪽, 프랑스 서쪽, 독일 북쪽과 오스트리아가 있어요. 알프스산맥이 영토의 대부분을 차지하고 있는 국토 대부분이 산지예요. 세계의 평화 구축 과정에 자주 참여하고 있으며, 스위스는 세계에서 가장 오래되고 잘 알려진 인도주의 단체 중 하나인 적십자의 발상지이며 세계에서 두 번째로 큰 제네바에 있는 유엔 사무소를 포함하여 수많은 국제기구들이 있어요. 국기는 1889년에 제정되었으며, 빨간색 바탕에 흰색 십자가(15세기 슈비츠 주가 쓴 기)가 그려져 있어요.

공식 국명 : 스위스연방공화국
수도 : 베른
통화 : 스위스 프랑
언어 : 독일어, 프랑스어, 이탈리아어
면적 : 약 4만 1,200㎢
인구 : 약 812만 1,800명
종교 : 가톨릭, 개신교

베른과 아레 강 제방의 구시 가지

국장

스페인 Spain

유럽의 남서쪽 끝 이베리아 반도에 위치해 있어요. 근대 초반에 스페인은 역사상 가장 큰 제국 중 하나이자 최초의 세계 제국 중 하나를 통치하여 히스패닉을 포함하는 대규모 문화 및 언어 유산을 낳았으며, 아메리카와 아프리카 대부분을 식민지로 삼아 그 영향으로 스페인어를 세계에서 두 번째로 많이 사용하는 국가로 만들었어요. 국기는 국장을 제외하고 빨간색이 상하, 노란색이 가운데에 위치한 형태의 것을 나타내며 모든 시민이 평등하고 또 다양하다는 의미를 나타내요.

공식 국명 : 스페인왕국
수도 : 마드리드
통화 : 유로화
언어 : 스페인어
면적 : 약 50만 5,300㎢
인구 : 약 4,814만 6,100명
종교 : 가톨릭

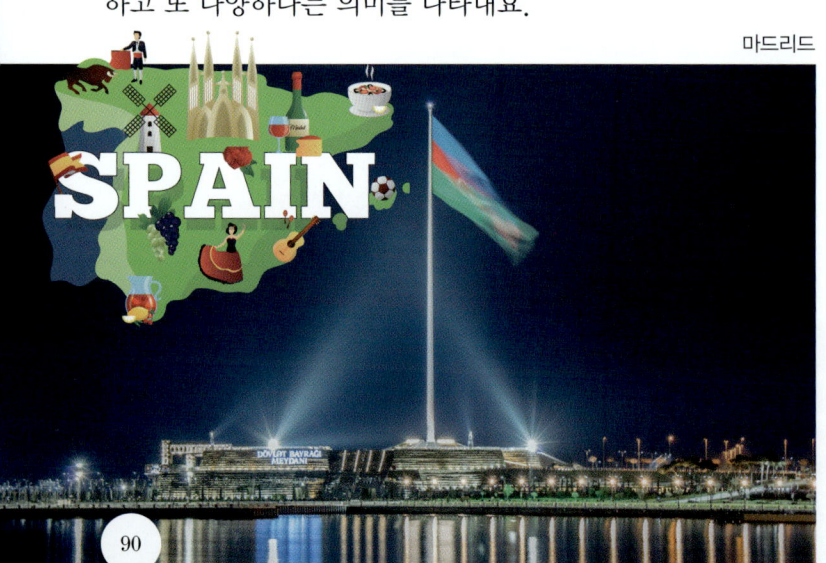

마드리드

국장

슬로바키아 Slovakia

중부 유럽 공화국이에요. 1989년 벨벳 혁명으로 체코슬로바키아의 공산주의 통치를 평화롭게 끝냈으며, 슬로바키아는 1993년 벨벳 이혼으로 알려진 체코슬로바키아의 평화로운 해체 이후 독립 국가가 되었어요. 산업은 중공업, 군수산업, 철강산업이 발달되었어요. 국기는 범 슬라브 색인 흰색, 파란색, 빨간색 3가지 색으로 구성된 가로 줄무늬 바탕에 깃대 쪽으로 슬로바키아의 국장이 그려져 있어요. 국장은 러시아의 국기, 슬로베니아의 국기와의 혼동을 피하기 위해 추가되었어요.

공식 국명 : 슬로바키아공화국
수도 : 브라티슬라바
통화 : 유로
언어 : 헝가리어, 체코어, 슬로바키아어
면적 : 약 4만 9,000㎢
인구 : 약 544만 명
종교 : 가톨릭, 개신교, 그리스정교

브라티슬라바

국장

슬로베니아 Slovenia

슬로베니아는 중부 유럽에 위치한 국가예요. 유고슬라비아 연방 인민공화국의 창립 멤버가 되었으며 1963년에는 유고슬라비아 사회주의 연방공화국으로 이름이 변경되었고, 1992년 슬로베니아로 독립했어요. 유럽에서 가장 물이 풍부한 나라 중 하나이며, 영토의 절반은 숲으로 덮여 있어요. 주요 경제 산업은 서비스 산업과 제조업이에요. 국기에는 흰색, 파란색, 빨간색 3가지 색으로 구성된 가로 줄무늬 바탕 가운데에 별이 그려져 있어요. 러시아의 국기, 슬로바키아의 국기와 비슷해요.

공식 국명 : 슬로베니아공화국
수도 : 류블랴나
통화 : 유로
언어 : 슬로베니아어
면적 : 약 2만 270㎢
인구 : 약 197만 명
종교 : 가톨릭, 이슬람교, 정교

류블랴나

국장

아이슬란드 Iceland

북유럽의 섬나라로 그린란드와 유럽 사이에 있어요. 아이슬란드는 지질학적으로 화산활동이 활발해요. 북극권 바로 외곽의 높은 위도에도 불구하고 걸프 스트림에 의해 따뜻해지고 온화한 기후를 가지고 있어요. 20세기까지 아이슬란드는 주로 어업과 농업에 의존했지만, 제2차 세계 대전 이후 수산업의 산업화와 마셜플랜 지원은 번영을 가져왔고 아이슬란드는 세계에서 가장 부유한 선진국 중 하나가 되었어요. 국기의 파란색은 아이슬란드의 바다를, 흰색은 아이슬란드를 뒤덮고 있는 눈과 만년설을, 빨간색은 섬에 있는 화산을 상징해요.

공식 국명 : 아이슬란드공화국
수도 : 레이캬비크
통화 : 크로나
언어 : 아이슬란드어
면적 : 약 10만 3,000㎢
인구 : 약 34만 명
종교 : 루터교, 레이캬비크 자유교회

레이캬비크

국장

아일랜드 Ireland

북동부에 위치한 아일랜드는 이웃 섬으로 북아일랜드가 있어요. 지정학적으로 아일랜드는 섬의 80% 정도를 차지하는 아일랜드 공화국과 영국의 일부인 북아일랜드로 나뉘어요. 아일랜드는 중앙 평야를 둘러싼 상대적으로 저지대 산으로 구성되어 있어요. 국기의 부드러운 녹색은 섬나라를 상징하며 로마 가톨릭을, 흰색은 전 세계 종교 집단과의 화해와 단결을, 주황색은 개신교, 특히 북쪽에 집중하여 살고 있는 장로교를 상징해요.

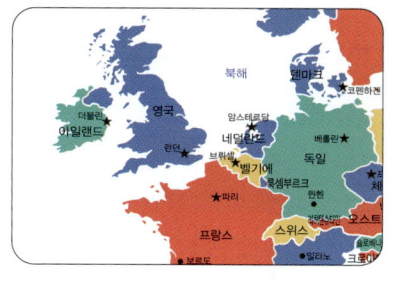

공식 국명 : 아일랜드
수도 : 더블린
통화 : 유로
언어 : 영어, 게일어
면적 : 약 7만 2,000㎢
인구 : 약 500만 명
종교 : 가톨릭, 아일랜드교회

더블린

국장

안도라 Andorra

안도라는 유럽에서 6번째로 작은 국가로 북쪽으로는 프랑스가, 남쪽으로는 스페인이 있어요. 1936년 구소련의 연방공화국이었지만, 구소련의 해체로 1991년 독립하였어요. 관광 산업이 GDP의 약 80%를 차지하며, 매년 약 1,020만 명의 관광객이 방문하는 여름 및 겨울 휴양지예요. 국기는 파란색, 노란색, 빨간색 세 가지 색으로 구성되어 있는 세로 줄무늬 바탕 가운데에는 안도라의 국장이 그려져 있어요.

공식 국명 : 안도라공국
수도 : 안도라라베야
통화 : 유로화
언어 : 카탈란어, 스페인어, 프랑스어
면적 : 약 468㎢
인구 : 약 8만 5,000명
종교 : 가톨릭

피레네산맥 안도라 라 베야의 산 에스테베 교회

국장

알바니아 Albania

유럽 동남부 발칸 반도에 있는 나라예요. 15세기 오스만 제국의 지배를 받다 1, 2차 세계대전으로 이탈리아와 독일이 점령했으며, 제2차 세계대전 후 공산국으로 되었지만, 1992년 민주주의 국가로 바뀌었어요. 국기는 빨간색 바탕 가운데에 검은색 쌍두 수리가 그려져 있어요. 쌍두 수리 문양은 15세기 오스만 제국의 지배에 대항하여 싸운 중세 알바니아의 영웅 스칸데르베그의 문장에서 유래되었어요.

공식 국명 : 알바니아공화국
수도 : 티라나
통화 : 레크
언어 : 알바니아어
면적 : 약 2만 8,700㎢
인구 : 약 302만 9,200명
종교 : 이슬람교, 그리스정교, 가톨릭

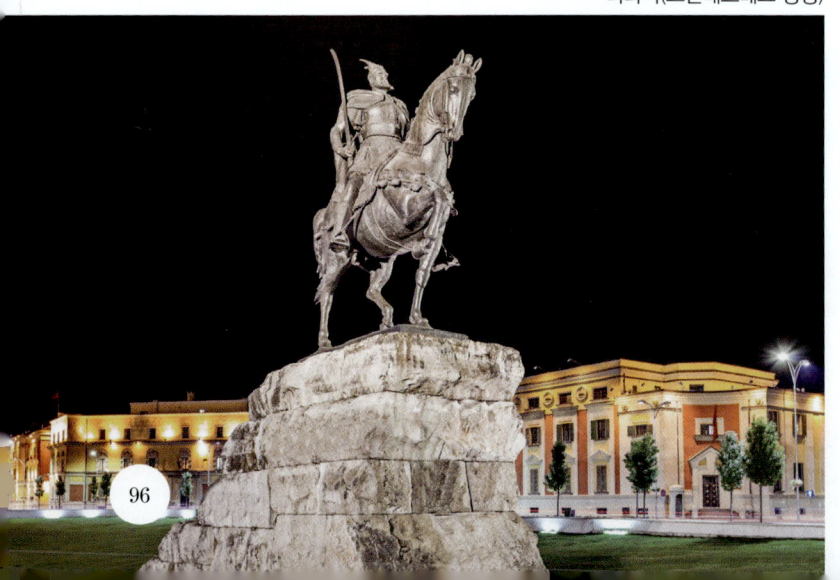

티라나(스칸데르베그 광장)

국장

에스토니아 Estonia

동부 유럽의 발트 3국 연안 끝에 있는 나라로 발트해의 북쪽으로 접경 핀란드가 있어요. 제1차 세계대전이 끝나고 짧은 독립 전쟁이 끝난 1991년 구소련의 해체와 함께 독립했어요. 유럽 연합에서 가장 빠르게 성장하는 국가이며, 세계에서 가장 디지털로 발전된 사회 중 하나예요. 인터넷을 통해 선거를 실시한 최초의 주가 되었으며, 2014년에는 전자 거주를 제공하는 최초의 주가 되었어요. 국기의 파란색은 에스토니아의 하늘, 호수, 바다를, 검은색은 에스토니아의 대지와 지난 백 년간에 걸친 에스토니아의 암울한 역사를, 흰색은 순수, 행복을 추구함을 의미해요.

공식 국명 : 에스토니아공화국
수도 : 탈린
통화 : 유로
언어 : 에스토니아어
면적 : 약 4만 5,200㎢
인구 : 약 126만 5,000명
종교 : 기독교, 러시아정교

탈린

국장

영국 United Kingdom

유럽 대륙 북서부 해안에 위치한 섬나라로, 영국은 잉글랜드, 스코틀랜드, 웨일스의 4개 국가로 구성된 단일 의회 민주주의이자 입헌 군주국이에요. 19세기와 20세기 초반에는 세계 최초의 산업화된 국가이자 경제, 문화, 군사, 과학, 정치적으로 핵무기 국가로 인정받고 있어요. 국기는 잉글랜드를 상징하는 성 게오르기우스 십자(흰 바탕에 그려진 붉은 십자), 스코틀랜드를 상징하는 성 안드레아 십자(파란 바탕에 그려진 흰 X자 모양의 십자), 아일랜드를 상징하는 성 파트리치오 십자(흰 바탕에 그려진 붉은 X자 모양의 십자)를 결합한 디자인이에요.

런던(템스 강의 웨스트 민스터 궁)

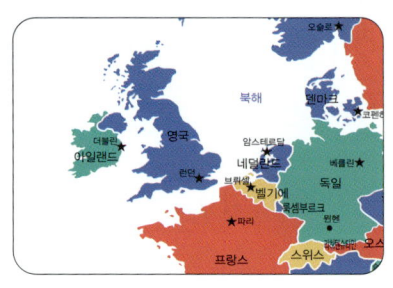

공식 국명 : 그레이트 브리튼 및 북아일랜드 연합왕국
수도 : 런던
통화 : 파운드
언어 : 영어
면적 : 약 24만 3,600㎢
인구 : 약 6,408만 8,200명
종교 : 기독교, 이슬람교, 힌두교

국장

런던 트라팔가 광장

오스트리아 Austria

중부 유럽 남부에 있는 내륙 국가로 9개 연방으로 구성되어 있으며 그중 하나는 오스트리아의 수도이자 가장 큰 도시인 비엔나예요. 제1차 세계 대전에 참여해 패한 후 영토를 빼앗겨 지금의 국토만 남았어요. 오스트리아는 직접 선출된 연방 대통령을 국가수반으로, 총리를 연방 정부 수반으로 하는 의회 대표 민주주의 국가예요. 국기는 1191년 레오폴트 공이 십자군 전쟁 당시 프톨레마이스 전투에서 적군의 피를 뒤집어서 갑옷 위에 걸친 흰 겉옷이 허리띠 부분을 제외하고 빨갛게 물들었다는 고사에서 유래해요.

빈(쇤브룬 궁전과 정원)

공식 국명 : 오스트리아공화국
수도 : 빈
통화 : 유로
언어 : 독일어
면적 : 약 8만 8만 3,800㎢
인구 : 약 871만 1,700명
종교 : 가톨릭, 개신교, 이슬람교

국장

우크라이나 Ukraine

유럽 동부에 있는 나라로, 접경에 러시아와 북쪽으로 벨라루시가 있어요. 1917년 국제적으로 인정받는 우크라이나 인민공화국이 선포되었으며, 1991년 소련이 해체되면서 독립했어요. 우크라이나는 몰도바와 함께 유럽에서 가장 가난한 나라이지만, 비옥한 농경지가 있어 세계에서 가장 많은 곡물 수출국 중 하나예요. 국기의 파란색은 하늘, 물을, 노란색은 밀, 불을 의미해요. 파란색, 노란색은 오랫동안 우크라이나인을 상징하는 색으로 여겨지고 있어요.

공식 국명 : 우크라이나
수도 : 키예프
통화 : 흐리브나
언어 : 우크라이나어
면적 : 약 60만 km²
인구 : 약 4,400만 명
종교 : 우크라이나정교

키예프 독립광장

국장

이탈리아 Italy

남유럽과 지중해 중앙의 지리적 위치로 인해 이탈리아는 역사적으로 수많은 민족과 문화의 본거지였어요. 이탈리아는 정복되고 여러 외국 유럽 세력들 사이에서 분열되었지만, 수도 로마를 중심으로 고대 로마 문명을 꽃피운 곳으로, 오늘날 이탈리아는 세계에서 문화적으로나 경제적으로 가장 관광대국이자 선진국으로 간주되어요. 국기는 1848년에 처음 만들어졌으며, 초록색은 희망을, 흰색은 신뢰를, 빨간색은 사랑을 의미해요.

공식 국명 : 이탈리아공화국
수도 : 로마
통화 : 유로
언어 : 이탈리아어
면적 : 약 30만 1,300㎢
인구 : 약 6,100만 명
종교 : 가톨릭

로마

국장

체코 Czech

중앙 유럽에 위치한 내륙국으로, 북서쪽은 독일, 남쪽은 오스트리아 등이 있어요. 체코는 1993년 체코슬로바키아로부터 분리되었어요. 이 나라의 민족 구성은 대부분이 서슬 라브족에 속하는 체코인으로 인구의 90% 정도를 유지하며, 슬로바키아인은 두 번째로 많은 민족이에요. 국기의 빨간색과 흰색은 보헤미아의 기에 그려져 있던 색이었으며, 파란색 삼각형 디자인은 폴란드의 국기, 오스트리아의 국기와의 혼동을 피하기 위해 1920년에 추가되었어요.

공식 국명 : 체코공화국
수도 : 프라하
통화 : 코루나
언어 : 체코어
면적 : 약 7만 8,800㎢
인구 : 약 1,064만 4800명
종교 : 가톨릭, 개신교, 그리스정교

프라하

국장

코소보 Kosovo

남동부 유럽에서 부분적으로 인정된 주이며 분쟁 영토예요. 코소보는 2008년 일방적으로 세르비아로부터 독립을 선언했고 98개 UN 회원국에 의해 주권 국가로 외교적 인정을 받았어요. 하지만 세르비아, 러시아 등 일부 나라의 반대로 UN에 정식 가입은 못 했어요. 국기는 위에 코소보에 거주하는 6대 민족인 알바니아인, 세르비아인, 터키인, 고라인, 로마인, 보스니아인을 의미하는 6개의 하얀 별, 코소보가 통치하는 영토를 새긴 황금색 지도, 파란색 바탕으로 구성되었어요.

공식 국명 : 코소보공화국
수도 : 프리슈티나
통화 : 유로
언어 : 알바니아어, 세르비아어
면적 : 약 1만 km²
인구 : 약 188만 명
종교 : 이슬람교, 기독교

프리슈티나

국장

크로아티아 Croatia

유럽 발칸 반도 서쪽의 아드리아해 동부에 있는 나라로서, 슬로베니아, 보스니아헤르체고비나, 세르비아, 헝가리와 접해 있어요. 유고슬라비아 사회주의 연방공화국의 일원이었지만, 1991년 크로아티아는 독립 전쟁을 통해 분리 독립하였어요. 지중해의 아름다운 자연환경을 가진 관광명소가 많아요. 국기는 1990년 제정되었고 범 슬라브 색인 빨간색, 흰색, 파란색 3가지 색으로 구성된 가로 줄무늬 바탕 가운데에 크로아티아의 국장이 그려져 있어요.

공식 국명 : 크로아티아공화국
수도 : 자그레브
통화 : 쿠나
언어 : 크로아티아어
면적 : 약 5만 6,500㎢
인구 : 약 441만 4,800명
종교 : 가톨릭

자그레브(아트 파빌리온)

국장

포르투갈 Portugal

유럽에 있는 이베리아 반도 서쪽에 위치한 나라로, 포르투갈은 이베리아 반도에서 가장 오래된 국가이며 유럽에서도 가장 오래된 국가 중 하나예요. 15세기와 16세기에 포르투갈은 최초의 글로벌 해양 및 상업 제국을 건설하여 세계의 주요 경제, 정치 및 군사 강국 중 하나가 되었어요. 나폴레옹 전쟁 동안 나라의 점령과 브라질의 독립은 국력이 쇠퇴하여, 1910년 공화제가 성립되었어요. 국기의 초록색은 나라의 희망을, 빨간색은 피를 의미해요.

공식 국명 : 포르투갈공화국
수도 : 리스본
통화 : 유로
언어 : 포르투갈어
면적 : 약 9만 2,000㎢
인구 : 약 1,082만 5,000명
종교 : 가톨릭

리스본 코메르시우 광장

국장

폴란드 Poland

중부 유럽 발트해에 위치한 국가예요. 폴란드 국가의 설립은 현재 폴란드의 영토와 공존하는 영역의 이교도 통치자가 기독교를 받아들이고 가톨릭교로 개종한 966년으로 거슬러 올라갈 수 있어요. 제2차 세계대전으로 독일과 소련에 분할 점령되어 통치를 받다 1945년 해방되었어요. 폴란드의 관광 명소는 남쪽의 산에서 북쪽의 모래 해변까지 다양하며, 크라쿠프 구시가지는 유네스코 세계 문화유산에 등재된 곳이에요. 국기의 흰색은 환희를, 붉은색은 독립을 상징해요.

공식 국명 : 폴란드공화국
수도 : 바르샤바
통화 : 즐로티
언어 : 폴란드어
면적 : 약 23만 6800㎢
인구 : 약 3,856만 2,000명
종교 : 가톨릭, 그리스정교, 유태교

칼과 방패를 든 바르샤바 인어

국장

프랑스 France

서유럽의 지중해와 대서양 사이에 위치하며 여러 해외 지역(아프리카 섬과 남아메리카 가이아나 등) 및 영토로 구성된 국가예요. 프랑스는 루이 14세 이후 17세기 유럽의 지배적인 문화적, 정치적, 군사적 강국으로 등장했어요. 프랑스는 예술, 과학, 철학의 세계적인 중심지로서 수 세기 동안의 위상을 유지하고 있으며, 유네스코 세계문화유산 등 주요 관광지가 많아요. 국기의 파란색은 자유, 흰색은 평등, 빨간색은 우애를 상징(자유, 평등, 박애)해요.

공식 국명 : 프랑스공화국
수도 : 파리
통화 : 유로
언어 : 프랑스어
면적 : 약 64만 3,800㎢
인구 : 약 6,655만 3,700명
종교 : 가톨릭, 무슬림, 유대교

파리

국장

앵발리드 미술관

노트르담 대성당

핀란드 Finland

북유럽 발트해 연안에 있는 스칸디나비아 위치한 스웨덴, 러시아, 노르웨이 등이 접한 나라예요. 1809년 핀란드는 핀란드의 자치 대공국으로 러시아 제국에 합병되었으며, 그동안 핀란드 예술이 번성하고 미래의 독립에 대한 아이디어가 자리 잡기 시작했어요. 제2차 세계대전 이후 급속하게 산업화되고 선진 경제를 발전시켰으며 북유럽 모델을 기반으로 광범위한 복지 국가를 구축하여 번영을 가져왔어요. 국기의 파란색은 핀란드의 수많은 호수와 하늘을, 흰색은 겨울의 눈에 덮인 하얀 토지를 의미해요.

힐싱키 대성당

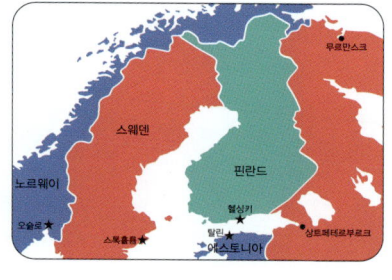

공식 국명 : 핀란드공화국
수도 : 헬싱키
통화 : 유로
언어 : 핀란드어, 스웨덴어
면적 : 약 33만 8,100㎢
인구 : 약 약 550만
종교 : 루터교, 러시아정교

국장

헝가리 Hungary

중부 유럽에 있는 내륙국이에요. 현재 헝가리의 영토는 켈트족, 로마인, 게르만족, 훈족, 서부 슬라브족, 아바르족을 포함한 여러 민족이 수 세기 동안 거주했어요. 헝가리 제국은 제1차 세계대전 이후 붕괴되었고 제2차 세계대전에서 심각한 피해와 사상자가 발생한 헝가리는 소련의 위성 국가가 되었으며, 1989년 헝가리는 민주적인 의회 공화국이 되었어요. 국기의 빨간색은 힘, 흰색은 성실함, 초록색은 희망을 상징해요.

공식 국명 : 헝가리공화국
수도 : 부다페스트
통화 : 포린트
언어 : 헝가리어
면적 : 약 9만 3,000㎢
인구 : 약 989만 7,500명
종교 : 가톨릭, 개신교

부다페스트 헝가리 의회 건물

국장

아프리카 Africa

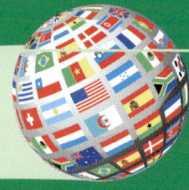

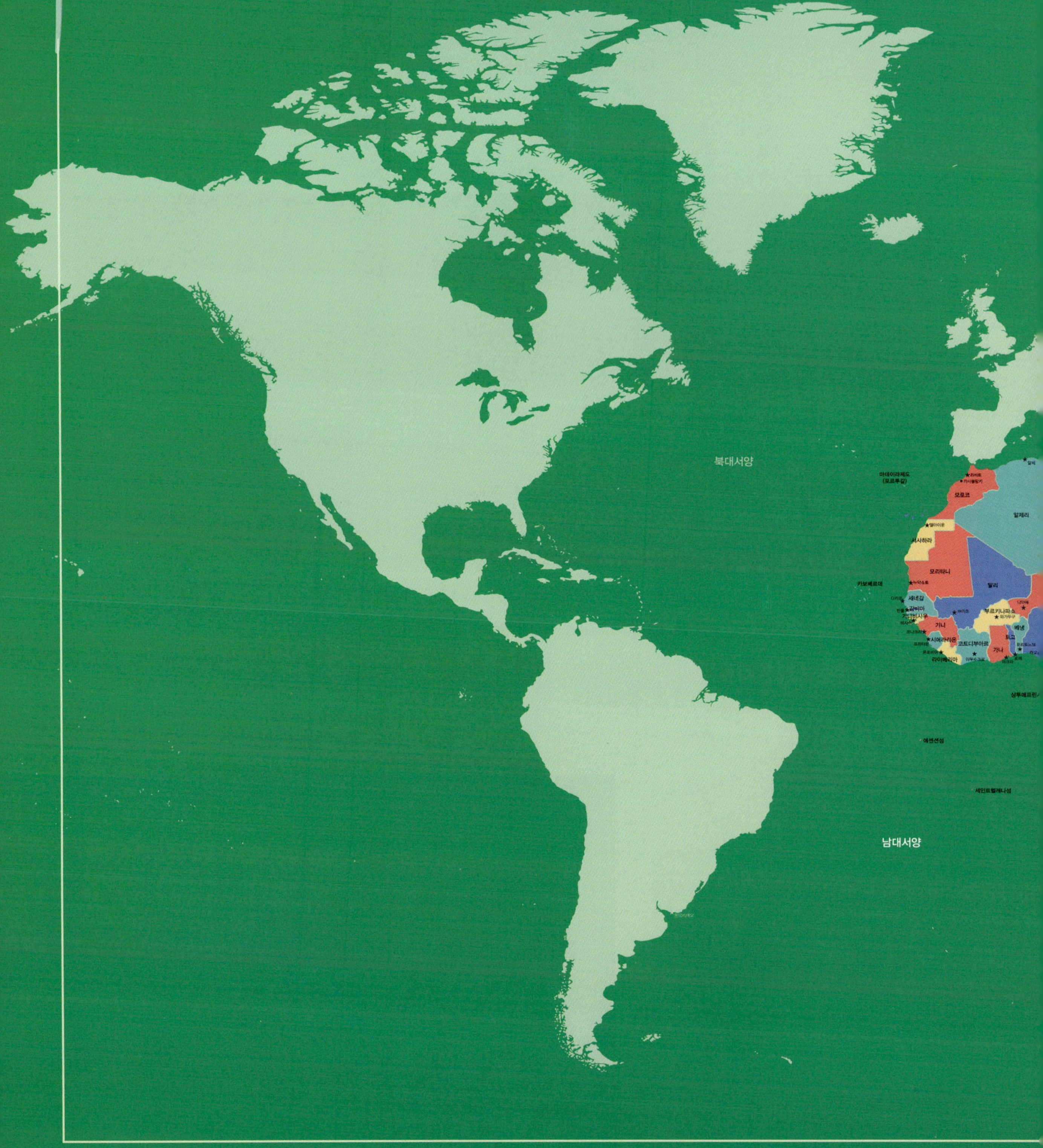

북대서양
마데이라제도
(포르투갈)
모로코
알제리
서사하라
모리타니
카보베르데
말리
세네갈
감비아
기니비사우
기니
부르키나파소
베냉
시에라리온
코트디부아르
토고
가나
라이베리아
남대서양

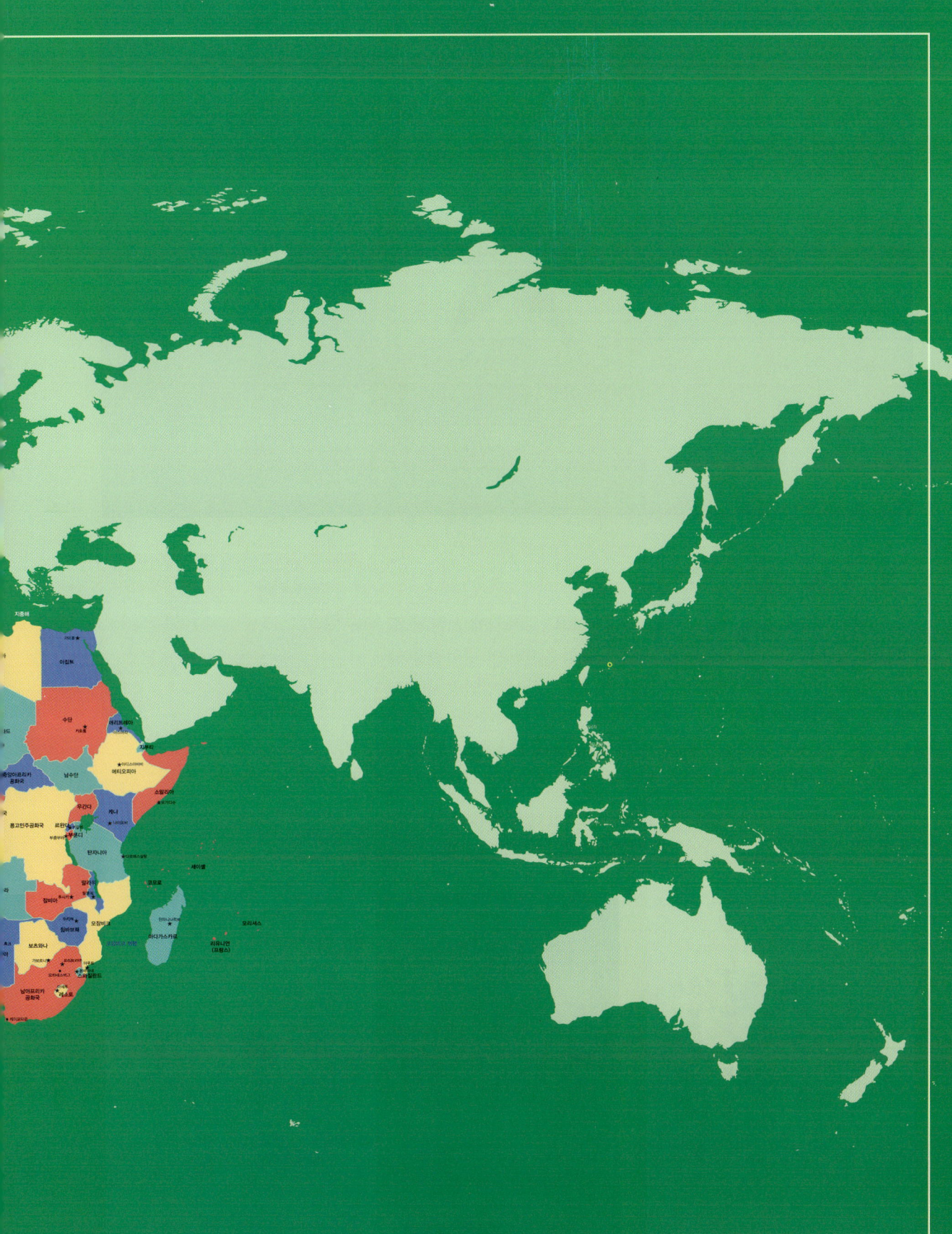

가나 Ghana

아프리카 서쪽에 있는 기니만의 연안 국가예요. 15세기에 시작된 포르투갈 제국과 그 뒤를 이어 수많은 다른 유럽 강대국이 무역권을 놓고 경쟁을 벌였고, 결국 영국의 식민지였다가 1957년 영연방 내에서 독립된 영토로 통일되었어요. 지하자원과 카카오의 수출로 경제 번영과 민주적 정치 체제로 인해서 아프리카의 강국이 되었어요. 국기의 빨간색은 가나의 독립을 위해 흘린 피를, 노란색은 나라의 풍부한 광물을, 초록색은 나라의 풍부한 삼림과 천연자원 그리고 자연의 은혜를, 검은색 별은 아프리카인들과 아프리카의 자유를 의미해요.

아크라(콰메 은크루마 기념 공원)

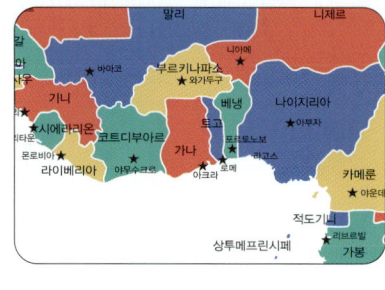

공식 국명 : 가나 공화국
수도 : 아크라
통화 : 세디
언어 : 영어
면적 : 약 23만 8,500㎢
인구 : 약 2,632만 7,000명
종교 : 기독교, 토속신앙, 이슬람교

국장

가봉 Gabon

아프리카 중서부에 있는 나라예요. 인접국으로는 적도 기니, 카메룬, 콩고 공화국이 있어요. 1960년 프랑스로부터 독립한 후 1967년~2009년까지 가봉의 대통령으로 재임한 오마르 봉고의 통치를 받았어요. 인구가 적고, 천연자원이 풍부하여 외국 자본의 투자가 활발하여 아프리카 대륙에서 비교적 윤택한 생활수준을 유지하고 있어요. 국기의 녹색은 삼림을, 노란색은 태양과 적도를, 파란색은 바다를 의미해요.

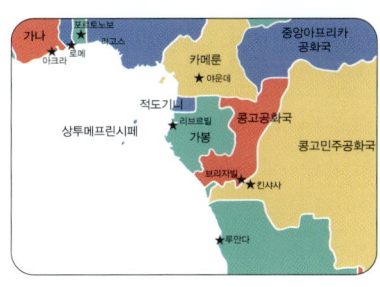

공식 국명 : 가봉 공화국
수도 : 리브르빌
통화 : 세파프랑
언어 : 프랑스어
면적 : 약 26만 7,600㎢
인구 : 약 170만 5,300명
종교 : 가톨릭교, 개신교, 회교, 토착신앙

리브르빌

국장

감비아 Gambia

아프리카 서해안에 있는 국가예요. 대서양에 접한 감비아강의 하구를 제외하고는, 세네갈에 둘러싸여 있어요. 1965년 영연방의 자치령으로서 독립했으며, 주요 산물인 땅콩이 재배되어 수출의 93%를 차지해요. 그 밖에 야자열매·모피 등이 생산되고 어업이 성하며 지하자원은 보크사이트 등이 있어요. 국기의 빨간색은 사바나와 태양을, 파란색은 감비아강을, 녹색은 숲과 농업을, 흰색 두 줄은 평화와 순수를 상징해요.

공식 국명 : 감비아 공화국
수도 : 반줄
통화 : 달라시
언어 : 영어
면적 : 약 1만 1,290㎢
인구 : 약 196만 7,700명
종교 : 이슬람교, 기독교, 토착종교

감비아 해변

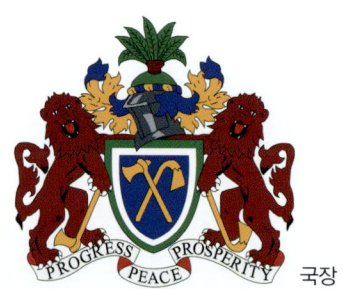

국장

기니 Guinea

서아프리카의 서쪽 해안 나라예요. 1958년 프랑스로부터 독립하였으며, 기니는 주권 국가로 국민에 의해 직접 선출된 대통령이 있는 공화국이에요. 기니의 경제는 농업과 광물 생산에 크게 의존해요. 세계에서 두 번째로 많은 보크사이트 생산국이며 다이아몬드와 금이 풍부하게 매장되어 있어요. 국기의 빨간색은 독립운동으로 흘린 피를, 노란색은 황금과 태양, 녹색은 농업, 삼림, 나뭇잎, 번영을 나타내며, 말리의 국기와는 색 배치가 반대예요.

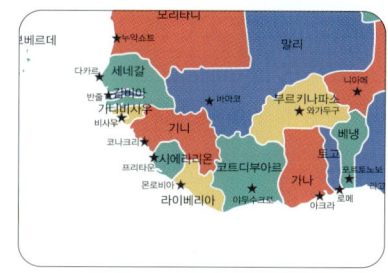

공식 국명 : 기니 공화국
수도 : 코나크리
통화 : 기니프랑
언어 : 프랑스어
면적 : 약 24만 5,850㎢
인구 : 약 1,178만 100명
종교 : 이슬람교, 토착종교, 기독교

기니의 가옥

국장

기니비사우 Guinea Bissau

아프리카 서쪽 끝 연안에 있는 나라예요. 주요 도시로는 비사우, 칸슝구, 만소아, 풀라쿤다, 바파타 등이 있어요. 16세기 말 포르투갈의 영토가 되었지만, 1956년 기니비사우·카보베르데 아프리카 독립당이 결성되어 무장 게릴라전을 전개하여 1974년 9월 포르투갈로부터 독립하고 유엔에 가입했어요. 쿠데타와 내전의 역사가 반복되면서 마약 밀매 거점 국가로 전락한 상태가 되었어요. 국기의 빨간색은 선열들의 피를, 초록색은 삼림을, 노란색은 풍부한 광물 자원을, 검은색 별은 아프리카를 의미해요.

기니비사우(말미잘과 물고기)

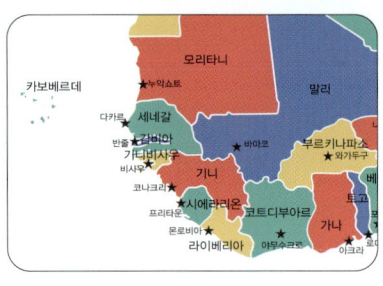

공식 국명 : 기니비사우 공화국
수도 : 비사우
통화 : 세파프랑
언어 : 포르투갈어
면적 : 약 3만 6,120㎢
인구 : 약 172만 6,100명
종교 : 토속신앙, 이슬람교, 기독교

국장

나미비아 Namibia

아프리카 남서쪽의 대서양 연안에 있는 나라예요. 사하라 사막 이남 아프리카에서 가장 건조한 나라예요. 19세기부터 독일의 식민지가 되었고, 1915년 남아프리카 공화국의 식민통치를 받아오다가 1990년에 남아공으로부터 완전한 독립을 얻었어요. 국기의 빨간색은 나미비아의 국민을, 초록색은 식물과 농업자원을, 흰색은 평화와 단결을, 파란색은 나미비아의 푸른 하늘과 수자원을, 노란색은 국민의 생명과 힘을 상징해요.

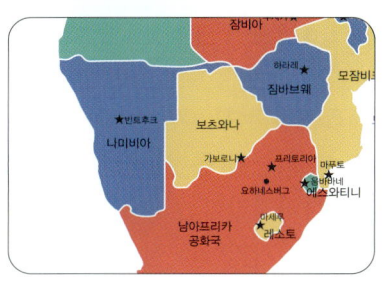

공식 국명 : 나미비아 공화국
수도 : 빈트후크
통화 : 나미비아 달러
언어 : 영어
면적 : 약 82만 4,200㎢
인구 : 약 221만 2,300명
종교 : 기독교, 토착종교

빈트후크
(루터교회)

국장

나이지리아 Nigeria

아프리카 서부, 기니만에 접한 나라예요. 영국은 전통적인 추장을 통해 간접 통치를 실행하면서 행정 및 법적 구조를 구축했어요. 나이지리아는 1960년 영국 연방에서 독립된 연방이 되었어요. 나이지리아는 아프리카에서 가장 인구가 많이 살고 있으며, 석유 등 풍부한 지하자원을 토대로 아프리카에서 부유한 나라 중 하나예요. 국기의 초록색은 풍부한 삼림과 천연자원을 나타내며, 흰색은 평화와 화합을 나타내어요.

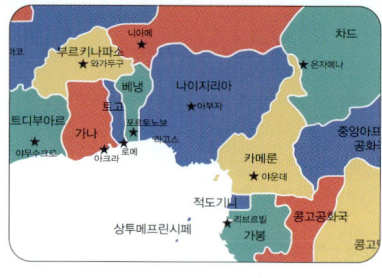

라고스

공식 국명 : 나이지리아 연방공화국
수도 : 아부자
통화 : 나이라
언어 : 영어
면적 : 약 92만 3,700㎢
인구 : 약 1억 8,157만 명
종교 : 이슬람교, 기독교, 토착신앙

국장

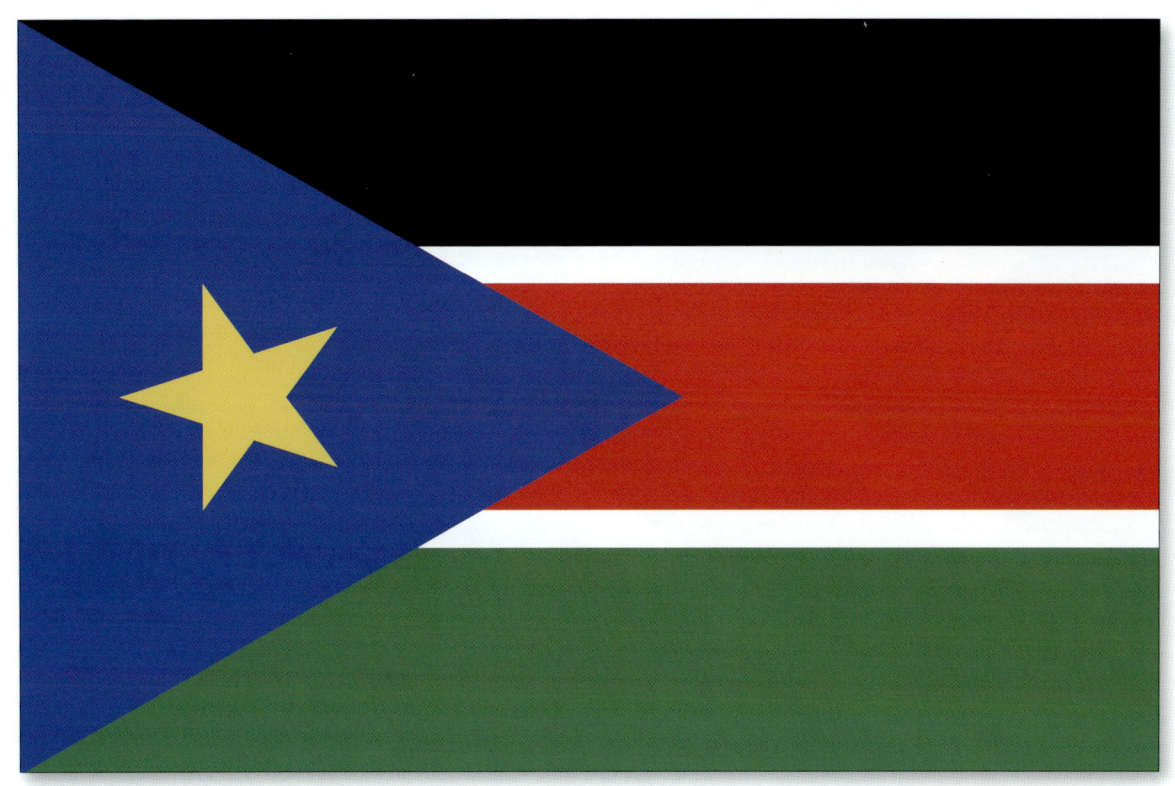

남수단 South Sudan

아프리카 중앙 내륙국으로, 수도는 주바이며, 북쪽으로는 수단, 동쪽으로는 에티오피아, 남쪽으로는 케냐, 우간다, 콩고 민주 공화국 등과 접해 있어요. 2011년 수단 남부 10개 주가 아프리카 대륙 54번째 독립국가로 수단에게서 독립했어요. 내전이 이어지며 난민이 발생하고 가뭄으로 식량 부족에 시달리고 있어요. 국기의 검은색은 흑인을, 빨간색은 자유를 위해 흘린 피를, 초록색은 국토를, 두 개의 흰색 선은 평화를 상징해요. 왼쪽의 파란색 삼각형은 나일강, 노란색 별은 베들레헴의 별로 남수단의 단결을 상징해요.

공식 국명 : 남수단 공화국
수도 : 주바
통화 : 남수단 파운드
언어 : 영어
면적 : 약 64만㎢
인구 : 약 1,300만 명
종교 : 기독교, 정령신앙

악어

국장

남아프리카공화국 South Africa

아프리카 대륙 최남단부에 있어요. 18세기에 영국의 식민지가 되어 1961년 공화국이 성립되었어요. 흑인 대다수는 지배적인 백인 소수자로부터 더 많은 권리를 주장하려고 했으며, 국기의 Y자 모양은 나라의 통합을 뜻하고, 빨간색은 전쟁과 여러 분쟁에서 흘린 피를, 파란색은 하늘과 바다를, 녹색은 농업과 자연환경을 상징하며, 노란색은 남아프리카공화국의 자원, 검정은 남아프리카공화국의 흑인과 아프리카를, 흰색은 남아프리카공화국의 백인과 평화를 나타내요.

요하네스버그

공식 국명 : 남아프리카 공화국
수도 : 프리토리아(행정), 케이프타운(입법), 블룸폰테인(사법)
통화 : 랜드
언어 : 아프리칸스어, 영어, 코사어, 줄루어
면적 : 약 1,121만 9,000㎢
인구 : 약 5,367만 5,500명
종교 : 기독교, 힌두교, 유태교, 이슬람교, 토착신앙

국장

니제르 Niger

서아프리카 내륙에 있는 나라예요. 국토 면적의 80% 이상이 사하라 사막에 있어요. 1906년 이후 프랑스 신민지로 있다가 1960년에 프랑스로부터 독립했어요. 농사를 짓는데 가뭄과 사막화로 위협을 받고 있으며, 인구의 대부분은 농촌 지역에 거주하며 고급 교육을 거의 받지 못하고 있어요. 국기의 주황색은 사하라 사막의 북부 지방을, 흰색은 순수함을, 초록색은 니제르의 비옥한 남부 지방과 희망을, 주황색 원은 태양과 독립을 의미해요. 인도의 국기, 라오스의 국기와 모양이 비슷해요.

공식 국명 : 니제르 공화국
수도 : 니아메
통화 : 세파프랑
언어 : 프랑스어
면적 : 약 126만 7,000㎢
인구 : 약 1,804만 5,700명
종교 : 이슬람교, 기독교, 토착신앙

사하라 사막

국장

라이베리아 Liberia

라이베리아의 정식 국가 명칭은 라이베리아공화국이에요. 서부 아프리카 해안 접경에 시에라리온과 기니 등이 있어요. 라이베리아는 미국에서 해방된 흑인이 아프리카에서 자유와 번영을 위해 만든 나라예요. 라이베리아는 흑인만 국적을 가질 수 있으며, 2005년 민주 선거를 통해 대륙 최초의 여성 대통령이 당선되기도 했어요. 국기의 빨간색과 흰색은 용기와 미덕을, 파란색은 아프리카 본토를, 흰색의 별은 라이베리아가 독립 당시에 아프리카 유일의 흑인 독립국이었음을 의미해요. 선박의 세금이 적어 세계의 허브항으로 불리고 있어요.

세계의 허브항

공식 국명 : 라이베리아공화국
수도 : 몬로비아
통화 : 라이베리아 달러
언어 : 영어
면적 : 약 11만㎢
인구 : 약 468만 명
종교 : 토착종교

국장

레소토 Lesotho

레소토는 남아프리카 공화국에 둘러싸인 내륙 국가예요. 레소토의 경제는 농업, 축산, 제조 및 광산에 기초하고 남아프리카 공화국으로 나간 노동자들의 송금에 의존하고 있어요. 다이아몬드는 레소토의 중요한 천연자원으로 2014년 한 해 동안 약 24만 캐럿의 다이아몬드를 생산하는 것으로 추정되어요. 국기의 파란색은 비, 물, 하늘을, 흰색은 평화와 깨끗함을, 초록색은 국토와 풍요로움을 의미하며, 모자는 전통문화와 민족을, 검은색은 레소토의 과거를 의미해요.

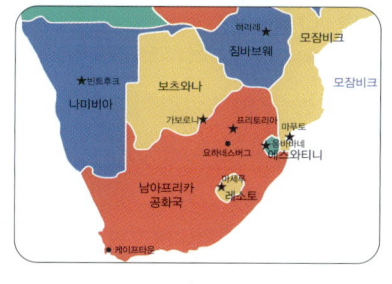

공식 국명 : 레소토 왕국
수도 : 마세루
통화 : 로티
언어 : 세소토어
면적 : 약 3만 350㎢
인구 : 약 194만 7,700명
종교 : 기독교, 토착신앙

레소토 가옥

국장

르완다 Rwanda

중앙 동부 아프리카의 5대호 지구 안에 있는 작은 내륙국이에요. 르완다는 우간다, 부룬디, 콩고 민주 공화국 및 탄자니아와 국경을 맞대고 있어요. 독일 식민지 지배를 받다가 벨기에의 위임통치와 신탁통치를 거쳐 1962년 자치 정부를 수립하고 독립했어요. 아프리카에서 인구 밀도가 가장 높아 경제 문제가 매우 심각하며, 특이하게도 다른 부족과의 결혼이 허용되어요. 국기의 파란색은 사랑과 평화, 행복을, 노란색은 경제 발전을, 초록색은 번영의 희망을, 노란색 태양은 르완다 국민의 계몽을 의미해요.

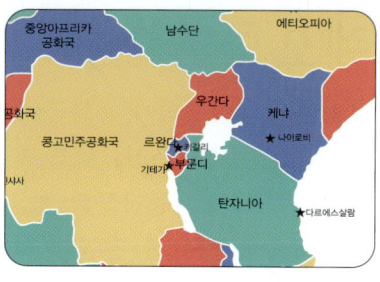

공식 국명 : 르완다 공화국
수도 : 키갈리
통화 : 르완다 프랑
언어 : 키냐르완다어, 프랑스어, 영어
면적 : 약 2만 6,300㎢
인구 : 약 1,266만 1,700명
종교 : 가톨릭교, 토착종교

키갈리

국장

리비아 Libya

북아프리카의 마그레브 지역에 있는 국가로, 이집트 북쪽의 지중해에 접해 있어요. 1934년~1947년까지 이탈리아의 지배를 받다가 제2차 세계대전 후 영국과 프랑스가 통치했어요. 리비아는 1951년 왕국으로 독립했으며, 2012년 내전으로 시민군에 의하여 카다피 정권을 몰아내고 리비아 과도국가위원회(NTC)의 정부 기구가 출범했어요. 국기의 초승달과 별은 이슬람교를 상징하며, 녹색은 독립, 자유와 리비아 사람들을 위한 새로운 시작의 시대를 나타내요.

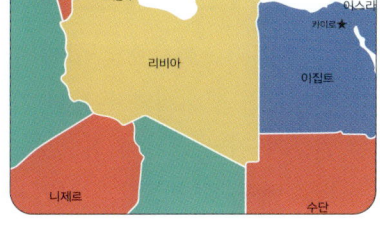

공식 국명 : 리비아
수도 : 트리폴리
통화 : 디나르
언어 : 아랍어, 쿠르드어
면적 : 약 175만 9,540㎢
인구 : 약 641만 1,700명
종교 : 이슬람교

렙티스 마그나 유적

국장

마다가스카르 Madagascar

마다가스카르공화국으로 알려졌으며 인도양에 있는 섬나라예요. 섬의 다양한 생태계와 독특한 야생 동물이 많지만 빠르게 증가하는 인구와 기타 환경 위협으로 인해 위협을 받고 있어요. 군주제는 1897년에 섬이 프랑스 식민지 제국으로 흡수되면서 끝났으며, 이로부터 1960년에 섬이 독립했어요. 국기의 빨간색과 흰색은 마다가스카르의 대부분을 지배했던 메리나 왕국의 마지막 여왕이었던 라나 발로 나 3세의 기에 그려져 있었던 색이며, 초록색은 농업을 상징해요.

공식 국명 : 마다가스카르 공화국
수도 : 안타나나리보
통화 : 말라가시 프랑
언어 : 프랑스어, 마다가스카르어
면적 : 약 58만 7,040㎢
인구 : 약 2,381만 2,600명
종교 : 토착종교, 기독교, 이슬람교

안타나나리보

국장

말라위 Malawi

동남부 아프리카에 있는 내륙국이에요. 북서부로는 잠비아, 북동부로는 탄자니아, 동부, 남부, 서부로는 모잠비크와 국경을 이루고 있고, 프랑스의 지배를 받다 1959년 독립했어요. 말라위는 세계에서 가장 저개발된 국가군에 속하며 인구 밀도도 매우 높아요. 경제는 농업 중심이며, 말라위 경제는 해외 원조 의존도가 높아요. 국기는 바탕에 검은색 줄무늬 가운데에 31줄기의 햇살을 가진 붉은 태양이 떠오르는 모습이 그려져 있는데 떠오르는 붉은 태양은 아프리카의 희망과 자유의 여명을, 검정은 아프리카인을, 빨간색은 투쟁에서 흘렸던 피를, 초록색은 자연을 뜻해요.

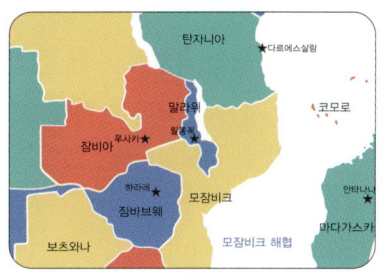

공식 국명 : 말라위 공화국
수도 : 릴롱궤
통화 : 말라위 콰차
언어 : 체와어
면적 : 약 11만 8,400㎢
인구 : 약 1,796만 4,600명
종교 : 개신교, 이슬람교

말라위 해변

국장

말리 Mali

아프리카 사하라 사막 서쪽에 있는 나라이며, 국토의 대부분이 사하라 사막에 속해있어요. 프랑스의 지배를 받다가 1960년 독립을 달성했으며, 그 후 곧 세네갈이 연방에서 탈퇴한 후 수단 공화국은 독립된 말리공화국을 선언했어요. 말리가 생산하는 쌀, 기장, 옥수수, 야채, 담배, 및 트리 작물과 금, 축산 및 농업은 말리 수출의 80%를 차지해요. 국기의 초록색은 풍요로운 자연을, 노란색은 지하자원을, 빨간색은 독립을 위해 피 흘린 선열들을 나타내요.

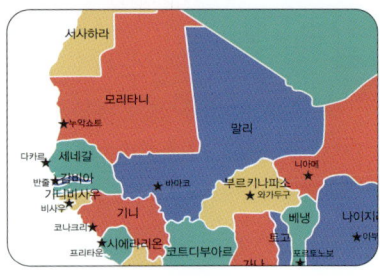

공식 국명 : 말리 공화국
수도 : 바마코
통화 : 세파프랑
언어 : 프랑스어
면적 : 약 124만 192km²
인구 : 약 1,695만 5,500명
종교 : 프랑스어, 밤바라어, 아랍어

팀북투

국장

모로코 Morocco

북아프리카 마그레브 지역에 위치한 국가예요. 지중해 북쪽과 대서양 경계로 서쪽으로, 알제리, 서부 사하라 등이 있어요. 1912년 프랑스와 스페인의 지배를 받다가 1956년 독립을 되찾았고, 이후 아프리카에서 다섯 번째로 큰 경제 규모를 자랑하는 비교적 안정적으로 번영하고 있어요. 국기의 빨간색은 이슬람교의 예언자인 무함마드의 자손을 의미하며, 초록색은 이슬람교를 상징하는 색이에요. 오각별은 이슬람교의 다섯 기둥을 나타내요.

공식 국명 : 모로코왕국
수도 : 라바트
통화 : 디람
언어 : 아랍어
면적 : 약 44만 6,550㎢
인구 : 약 3,332만 2,600명
종교 : 이슬람교, 기독교, 유태교

엘 바디아 궁전

국장

모리셔스 Mauritius

아프리카의 동부, 인도양 남서부에 있는 섬나라예요. 마다가스카르에서 동쪽으로 약 900km, 인도에서 남서쪽으로 약 3,943km 떨어져 있어요. 나폴레옹 전쟁 도중 영국의 식민지가 된 모리셔스는 1968년 영국으로부터 독립했어요. 국기의 빨간색은 독립과 자유를 위한 투쟁에서 흘린 피를, 파란색은 인도양을, 노란색은 황금빛 햇살과 독립을 통해 새롭게 빛나는 섬나라를, 초록색은 농업과 일 년 내내 푸른 모리셔스의 국토를 의미해요.

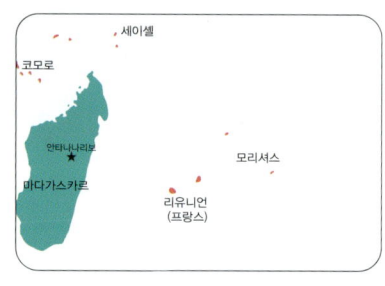

공식 국명 : 모리셔스 공화국
수도 : 포트루이스
통화 : 모리셔스 루피
언어 : 영어
면적 : 약 2,040㎢
인구 : 약 133만 9,800명
종교 : 힌두교, 가톨릭교, 이슬람교

포트루이스

국장

모리타니 Mauritania

북서 아프리카 사하라 사막이 대부분인 나라로 오아시스 주변에 모여 살아요. 풍부한 천연자원에도 불구하고 모리타니는 여전히 가난해요. 국가의 경제는 농업과 가축에 기반을 두고 있으며 주요 산업에는 광업(철광석), 석유 및 어업이 있어요. 1960년 프랑스로부터 독립한 후 모리타니의 독립은 되풀이되는 쿠데타와 권위주의적 군사 통치가 이어지고 있어요. 국기의 초록색은 이슬람교를, 금색은 사하라 사막의 모래를, 초승달과 별은 모리타니의 국교인 이슬람교를, 빨간색은 모리타니를 위해 흘린 피를 뜻해요.

공식 국명 : 모리타니 이슬람 공화국
수도 : 누악쇼트
통화 : 우기야
언어 : 아랍어
면적 : 약 103만 700km²
인구 : 약 359만 6,700명
종교 : 이슬람교, 토속신앙

모리타니 해안

국장

모잠비크 Mozambique

아프리카 대륙 남동쪽 인도양에 접한 나라예요. 포르투갈의 통치를 받다가 1975년 독립을 획득하여 곧 인민공화국이 되었어요. 국가 경제는 주로 농업에 기반을 두고 주로 식음료, 화학 제조, 알루미늄 및 석유 생산 등 산업이 성장하고 있어요. 국기의 초록색은 풍요로운 대지를, 흰색은 평화를, 검은색은 아프리카를, 노란색은 나라의 광물을, 빨간색은 독립을 위한 투쟁을 의미하며 빨간색 삼각형 안에 그려진 노란색 별은 마르크스주의와 국제주의를, 소총은 국방을, 펼쳐져 있는 책은 교육을, 괭이는 농업을 의미해요.

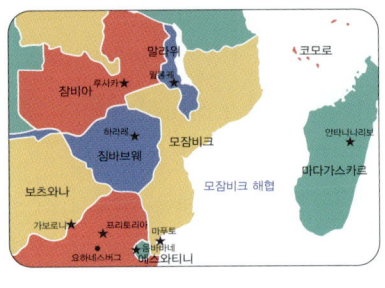

마푸토

공식 국명 : 모잠비크 공화국
수도 : 마푸토
통화 : 메티칼
언어 : 포르투갈어
면적 : 약 79만 9,300㎢
인구 : 약 2,530만 3,000명
종교 : 기독교, 이슬람교, 토착신앙

국장

베냉 Benin

아프리카 서쪽 기니만에 있는 나라예요. 이 지역은 대서양 횡단 노예무역 기간 동안 신세계로 보내진 노예가 많았기 때문에 노예 해안으로 불렸어요. 노예화가 폐지된 후 프랑스 식민지였지만, 1960년에 프랑스에서 완전히 독립했어요. 이후로 다양한 민주 정부, 군사 쿠데타, 군사 정부와 함께 격동의 역사를 가지고 있어요. 현재의 공화국은 1990년 이후 자본주의를 받아들여 이어가고 있어요. 국기의 초록색은 희망을, 노란색은 풍부함을, 빨간색은 용기를 의미해요.

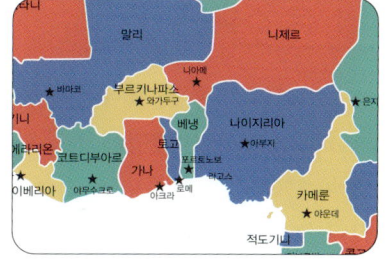

공식 국명 : 베냉 공화국
수도 : 포르토노보
통화 : 세파프랑
언어 : 프랑스어
면적 : 약 11만 2,600㎢
인구 : 약 1,044만 8,600명
종교 : 이슬람교, 기독교, 토착종교

포르토노보 해변

국장

보츠와나 Botswana

남아프리카 남부 내륙에 있는 나라예요. 영국 식민지였던 보츠와나는 1966년 영연방에서 독립했어요. 현재 아프리카에서 가장 오래 지속된 민주주의 국가예요. 지형적으로 평평하며 영토의 최대 70%가 칼라하리 사막에 접해 있어요. 보츠와나에서는 '안녕하세요'라고 말하는 방식으로 '두 멜랑'이라고 말해요. 국기의 하늘색은 물과 비를, 흰색과 검은색은 인종의 화합과 국장에 그려져 있는 얼룩말을 의미해요.

공식 국명 : 보츠와나 공화국
수도 : 가보로네
통화 : 풀라
언어 : 영어, 츠와나어
면적 : 약 58만 1,730㎢
인구 : 약 218만 2,600명
종교 : 기독교, 토착종교

가보로네

국장

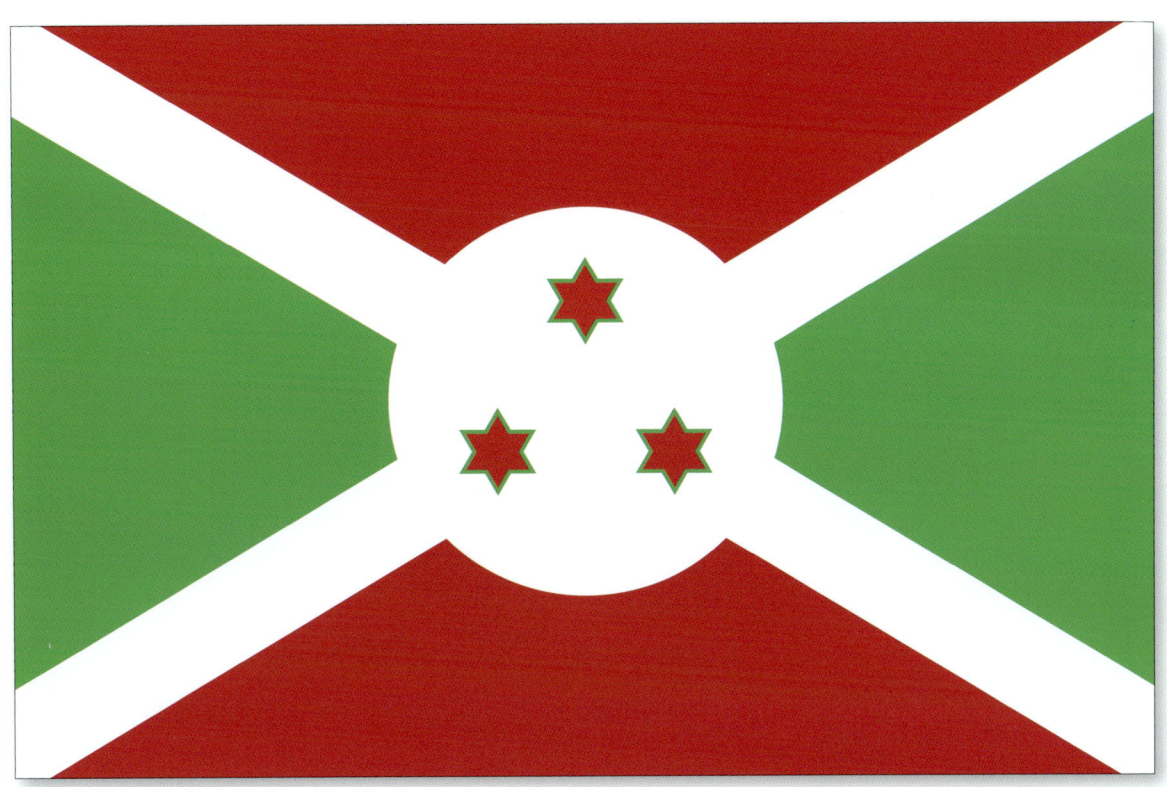

부룬디 Burundi

아프리카 중앙부에 있는 내륙국으로 북쪽에 르완다, 동쪽과 남동쪽 탄자니아 그리고에 콩고민주공화국이 서쪽에 있어요. 벨기에에서 독립한 부룬디는 1962년 독립하고 군주제를 했지만, 암살, 쿠데타 등의 지역 불안정으로 1966년 공화국으로 바꿨어요. 국기의 초록색은 희망을, 흰색은 순결을, 빨간색은 독립을 위한 투쟁에서 흘린 피를 의미하며, 가운데에 그려져 있는 3개의 빨간색 육각별은 부룬디를 구성하는 3개의 민족인 후투족, 트와족, 투치족과 부룬디의 나라 표어인 '통일, 노동, 발전'을 의미해요.

공식 국명 : 부룬디 공화국
수도 : 기테가
통화 : 부룬디프랑
언어 : 키룬디어, 프랑스어
면적 : 약 2만 7,800㎢
인구 : 약 1,074만 2,300명
종교 : 가톨릭교, 개신교, 이슬람교, 토착종교

얼룩말

국장

부르키나파소 Burkina Faso

서부 아프리카 북쪽 내륙에 있는 나라예요. 1896년 프랑스 식민지가 되었다가 1960년 독립하였어요. 지금도 프랑스어를 공용어로 쓰고 있어요. 농업은 국내 총생산의 32%를 차지하고 노동 인구의 80%를 차지해요. 금광석이 풍부함에도 불구하고 국가 경제 활동의 상당 부분은 국제 원조로 자금을 조달할 정도로 생활 수준이 높지 않아요. 국기의 빨간색은 혁명을, 초록색은 희망과 풍요로움을, 노란색 별은 풍부한 지하자원을 의미해요.

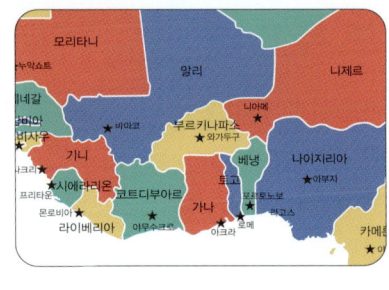

공식 국명 : 부르키나파소 민주공화국
수도 : 와가두구
통화 : 세파프랑
언어 : 프랑스어, 모시어
면적 : 약 27만 km²
인구 : 약 2,010만 명
종교 : 이슬람교, 토착종교

와가두구 동상

국장

상투메프린시페 Sao Tome and Principe

적도 근방의 대서양에 위치하며, 아프리카에서 세이셸에 이어 2번째로 작은 국가예요. 1963년 포르투갈 식민지였다가 1975년 독립하였어요. 1988년에는 대한민국과도 공식 수교하였고, 가봉 주재 대한민국 대사관이 상투메 프린시페 주재 대한민국 대사관을 겸임하고 있어요. 국기의 빨간색 삼각형은 독립을 위한 투쟁을, 초록색은 농업을, 노란색은 상투메 프린시페의 중요한 농산물인 코코아를, 두 개의 검은색 별은 상투메 프린시페를 구성하는 두 개의 큰 섬인 상투메섬, 프린시페섬을 의미해요.

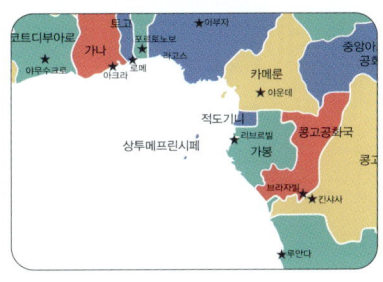

상투메

공식 국명 : 상투메프린시페 민주공화국
수도 : 상투메
통화 : 도브라
언어 : 포르투갈어
면적 : 약 964㎢
인구 : 약 19만 4,000명
종교 : 가톨릭교, 개신교

국장

세네갈 Senegal

서부 아프리카에 있는 나라예요. 1946년 프랑스연합 내의 해외 영토가 되었으며, 1960년 말리와 함께 연방으로 독립했어요. 세네갈은 인간개발 지수가 상대적으로 낮고 부채가 많은 가난한 나라로 분류되어요. 인구의 대부분은 해안에 있으며 농업 또는 기타 식품 산업에서 일하며, 다른 주요 산업에는 광업, 관광 및 서비스가 있어요. 국기는 범아프리카 색인 초록색, 노란색, 빨간색 3가지 색의 세로 줄무늬 바탕 가운데에는 한 개의 초록색 별이 그려져 있어요. 말리의 국기와는 가운데 초록색 별의 유무로 구분할 수 있어요.

다카르

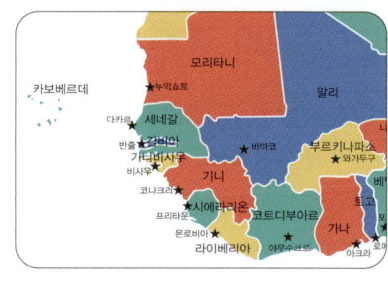

공식 국명 : 세네갈 공화국
수도 : 다카르
통화 : 세파프랑
언어 : 프랑스어
면적 : 약 19만 6,700㎢
인구 : 약 1,397만 5,800명
종교 : 이슬람교, 가톨릭교, 토착종교

국장

세이셸 Seychelles

인도양 서부 마다가스카르 북동쪽에 있는 아프리카에서 가장 작은 나라로, 이 나라는 115개의 섬으로 구성되어 있으며, 수도이자 가장 큰 도시인 빅토리아는 아프리카 본토에서 동쪽으로 1,500km 떨어진 곳에 있어요. 1976년 영국으로부터 독립을 선언한 이래 세이셸은 주로 농업과 서비스업, 관광산업으로 발전했어요. 국기의 파란색은 세이셸의 하늘과 바다를, 노란색은 빛과 생명을 가져다주는 태양을, 빨간색은 미래를 향한 단결과 사랑을 위해 일하는 국민들과 그들의 결의를, 하얀색은 정의와 조화를, 초록색은 세이셸의 자연환경과 풍요로운 대지를 의미해요.

공식 국명 : 세이셸 공화국
수도 : 빅토리아
통화 : 세이셸 루피
언어 : 영어
면적 : 약 455㎢
인구 : 약 9만 2,430명
종교 : 가톨릭교, 영국성공회

빅토리아

국장

소말리아 Somalia

아프리카 동쪽 인도양에 있는 나라예요. 서쪽으로는 에티오피아, 북서쪽으로는 지부티, 북쪽으로는 아덴만, 동쪽으로는 인도양, 남서쪽으로는 케냐와 접해 있어요. 소말리아는 이탈리아와 영국의 지배를 받다가 독립했어요. 소말리아는 지금도 내전이 이어져 무정부 상태가 길어져 우리나라는 여행 금지국으로 지정하고 있어요. 국기는 소말리아의 독립에 유엔의 공헌이 크기 때문에 유엔기와 비슷한 색상을 가진 디자인을 띠고 있어요. 흰색 오각별은 소말리아인이 거주하는 5개 지역의 단결을 의미해요.

모가디슈

공식 국명 : 소말리아 연방공화국
수도 : 모가디슈
통화 : 소말리아 실링
언어 : 소말리어, 아랍어
면적 : 약 63만 7,650㎢
인구 : 약 1,061만 6,300명
종교 : 이슬람교

국장

수단 Sudan

아프리카 동북쪽에 있는 나라예요. 북쪽으로는 이집트, 북서쪽으로는 리비아, 서쪽으로는 차드, 중앙아프리카공화국과 접해 있어요. 한 세기 동안 이집트의 지배를 받게 되고, 1898년에 영국에 의해 무너져 이집트와 함께 수단을 통치하게 되었어요. 1953년 영국은 수단 자치권을 부여했고 비로소 1956년 독립이 선언되었어요. 남부 반군 간의 내전으로 인해 언어, 종교 및 정치권력의 차이가 폭발해 결국 2011년 남 수단과 갈라섰어요. 국기의 빨간색은 독립 투쟁과 나라를 위해 희생한 순교자들을, 흰색은 평화를, 검은색은 수단을, 초록색은 이슬람교를 의미해요.

공식 국명 : 수단 공화국
수도 : 카르툼
통화 : 수단 디나르
언어 : 아랍어, 영어
면적 : 약 186만 1,400㎢
인구 : 약 3,610만 8,800명
종교 : 이슬람교, 기독교, 원시종교

파라오 사원

국장

시에라리온 Sierra Leone

서아프리카 남서부 해안에 있는 국가이며, 남동쪽으로 라이베리아, 북동쪽으로 기니와 접경에 있어요. 영국 식민지에서 1962년 독립 국가로서 첫 총선을 치렀어요. 시에라리온의 경제 기반은 다이아몬드 채굴과 티타늄, 보크사이트의 최대 생산자이자 금의 주요 생산자 중 하나이며 세계에서 가장 큰 금홍석 매장지 중 하나예요. 국기의 초록색은 농업, 천연자원, 산을, 흰색은 통일과 정의를, 파란색은 시에라리온의 수도인 프리타운이 세계 평화에 기여하기를 바라는 희망을 의미해요.

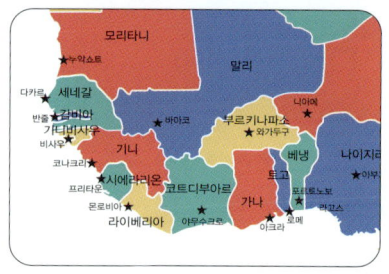

등대와 작은 배(프리타운의 애버딘 지역)

공식 국명 : 시에라리온 공화국
수도 : 프리타운
통화 : 레오네
언어 : 영어, 크레올어, 템네어, 망드어
면적 : 약 7만 1,740㎢
인구 : 약 765만 명
종교 : 이슬람교, 토착종교, 기독교

국장

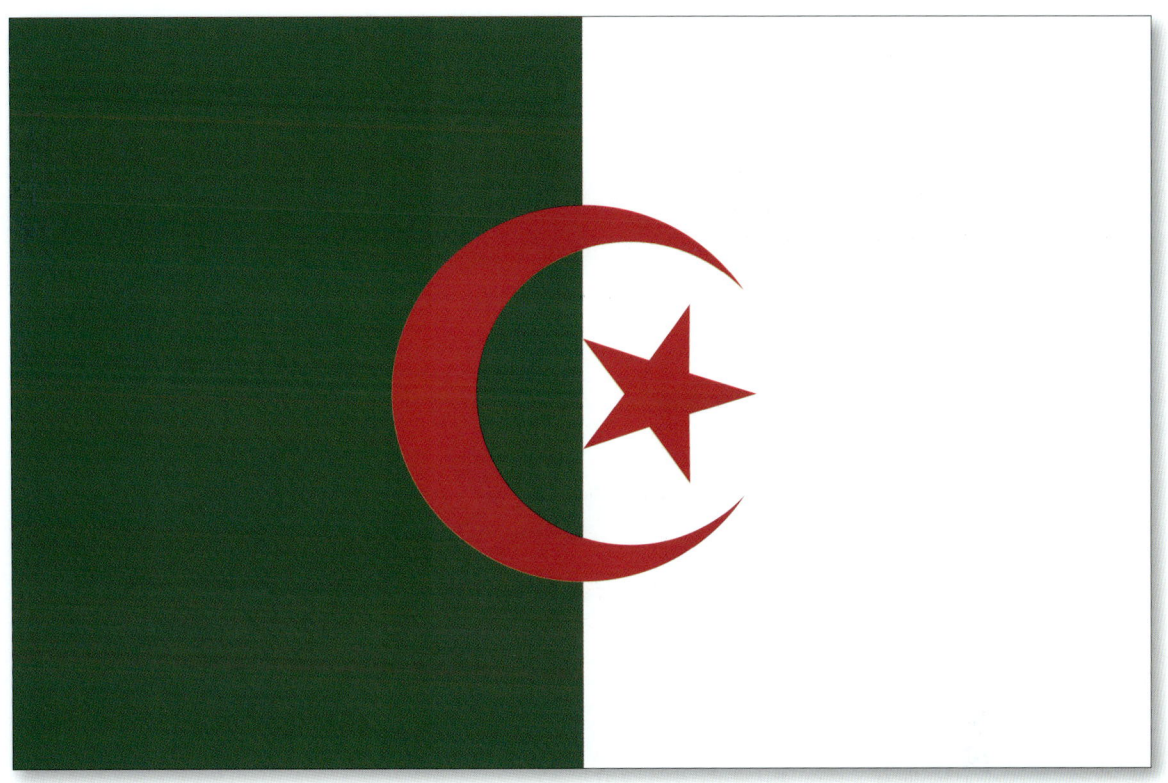

알제리 Algeria

아프리카 대륙의 지중해 연안의 북쪽에 위치한 나라예요. 세계에서 10번째로 큰 국가이며 아프리카 연합과 아랍 세계에서 지역별로 가장 큰 국가예요. 1830년대부터 프랑스에 점령당했고, 8년간 프랑스와 전쟁을 벌인 끝에 1962년 독립을 이루었어요. 알제리는 세계에서 16번째로 큰 석유 매장량과 천연가스 매장량을 보유하고 있으며, 아프리카에서 가장 큰 군대를 가지고 있어요. 국기의 초록색은 번영을, 흰색은 순결과 평화를, 빨간색은 알제리 독립 전쟁에서 죽은 전사들의 피를 의미하며, 초승달과 별은 이슬람교를 의미해요.

알제리 충혼탑

공식 국명 : 알제리민주인민공화국
수도 : 알제
통화 : 알제리 디나르
언어 : 아랍어, 프랑스어, 베르베르어
면적 : 약 238㎢
인구 : 약 3,954만 2,100명
종교 : 이슬람교, 가톨릭

국장

앙골라 Angola

아프리카 남서부 해안에 있는 나라예요. 16세기 포르투갈에 식민지 장기화 후 반 식민지 투쟁으로 독립은 1975년 이루어졌어요. 앙골라는 광대한 광물과 석유 매장량을 보유하고 있으며, 그 경제는 특히 내전이 끝난 이후 세계에서 가장 빠르게 성장하고 있어요. 국기의 빨간색은 독립 투쟁을, 검은색은 아프리카 대륙을, 노란색은 나라의 부를 의미하며 중앙에 그려진 톱니바퀴는 공업과 노동자를, 칼은 농업과 농민을, 별은 단결과 진보를 의미해요. 톱니바퀴, 칼, 별이 배치된 모습은 소련의 국기에 그려진 낫과 망치와 약간 비슷해요.

공식 국명 : 앙골라 공화국
수도 : 루안다
통화 : 콴자
언어 : 포르투갈어, 반투어(토착어)
면적 : 약 124만 6,700㎢
인구 : 약 2,900만 명
종교 : 가톨릭교, 개신교, 토착종교

옛 원주민의 생활

국장

에리트레아 Eritrea

아프리카 북동부에 있는 나라예요. 북동부와 동부에는 홍해를 따라 넓은 해안선이 있어요. 다민족 국가로, 인구가 약 550만 명에 달하는 9개의 소수 민족이 살고 있어요. 1889년 이탈리아 식민지가 되었으며, 이탈리아에서 벗어나 1952년 에티오피아 연방의 통치를 받다가 분리 독립운동 끝에 1993년에 법정 독립을 얻었어요. 국기의 초록색은 비옥한 토지를, 파란색은 바다를, 빨간색은 에리트레아의 독립과 자유를 위한 투쟁을 위해 흘린 피를 의미하며, 빨간색이 왼쪽에서 오른쪽으로 갈수록 작아지는 것은 에리트레아에서 유혈 참사가 더 이상 일어나지 않기를 바란다는 뜻을 의미해요.

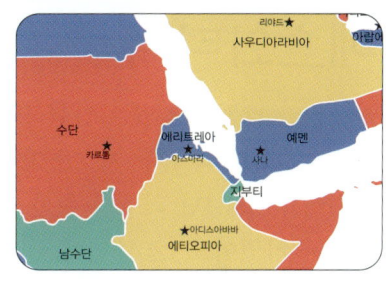

공식 국명 : 에리트레아국
수도 : 아스마라
통화 : 낙파
언어 : 티그리니아어, 아랍어, 영어
면적 : 약 11만 7,600㎢
인구 : 약 650만 명
종교 : 이슬람교, 에리트레아정교

아스마라

국장

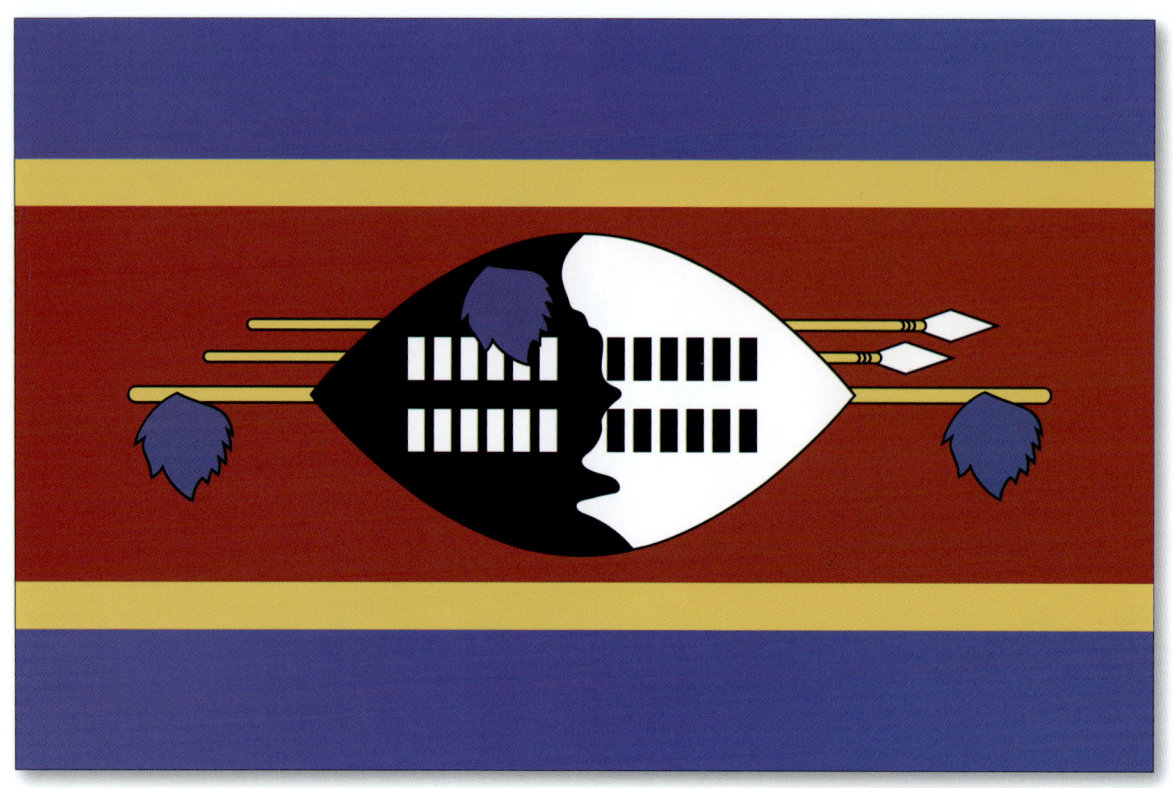

에스와티니 Eswatini

아프리카 남동부에 있는 입헌군주제 국가예요. 1890년 영국과 트란스발 공화국의 공동 보호령이 되었다가, 1907년 영국 보호령이 되었어요. 1964년 최초의 총선거를 실시하고 1968년 영국으로부터 독립하였어요. 2018년에 국호를 스와질란드에서 에스와티니로 변경하였어요. 국기의 빨간색은 과거에 있었던 전투를, 파란색은 평화와 안정을, 노란색은 에스와티니의 자원을 의미해요.

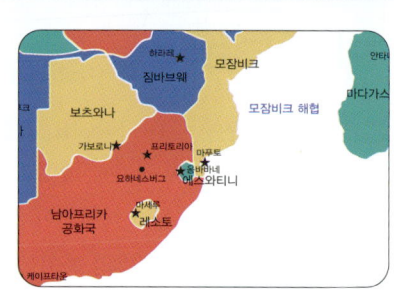

공식 국명 : 에스와티니 왕국
수도 : 음바바네
통화 : 릴랑게니
언어 : 스와티어, 영어
면적 : 약 1만 7,000㎢
인구 : 약 146만 명
종교 : 기독교, 토착종교

음바바네

국장

에티오피아 Ethiopia

아프리카 대륙 북동부에 있는 나라예요. 1936년 이탈리아에 의해 점령되었지만, 영·에티오피아 협정으로 완전히 해방되었어요. 20세기 국제연맹과 유엔의 최초 독립 아프리카 회원국이었어요. 현재 동아프리카에서 가장 큰 경제를 보유하고 있지만 여전히 세계에서 가장 가난한 국가 중 하나예요. 국기의 녹색은 자원의 부를, 노란색은 종교의 자유를, 빨간색은 조국에 대한 희생과 충성을 상징해요. 국기 중앙에는 에티오피아의 국장이 그려져 있어요. 파란색은 평화를, 오각별은 단결과 번영을, 빛줄기는 국민과 종교의 평등함을 상징해요.

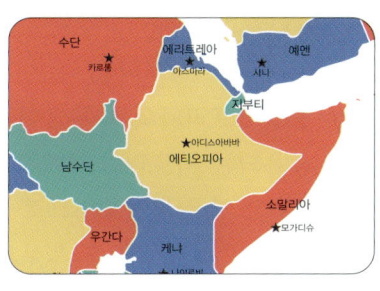

공식 국명 : 에티오피아연방민주공화국
수도 : 아디스아바바
통화 : 비르
언어 : 영어, 암하릭어, 이태리어
면적 : 약 110만 4,300㎢
인구 : 약 9,946만 6,000명
종교 : 에티오피아 정교, 이슬람교, 토착종교

아디스아바바

국장

우간다 Uganda

동부 중앙아프리카의 내륙국이에요. 남부에는 케냐 및 탄자니아와 공유되는 빅토리아 호수의 상당 부분이 포함되어 있어요. 1894년부터 영국의 보호령으로 통치되었지만, 1962년 영국으로부터 독립했어요. 독립 후 북부지역의 저항군에 대한 긴 내전으로 수십만 명의 사상자가 발생했어요. 국기의 검은색은 아프리카인을, 노란색은 빛나는 태양을, 빨간색은 아프리카의 형제애를 의미해요.

공식 국명 : 우간다 공화국
수도 : 캄팔라
통화 : 우간다 실링
언어 : 영어, 우간다어, 스와힐리어
면적 : 약 24만 1,000㎢
인구 : 약 3,710만 1,700명
종교 : 기독교, 이슬람교, 토착신앙

우간다 마을

국장

이집트 Egypt

아프리카 대륙 북동부 가자 지구(팔레스타인)와 이스라엘에 접해 있는 지중해 국가예요. 현대 이집트는 1922년에 대영제국으로부터 군주제로서 독립을 얻었어요. 이집트는 세계에서 가장 오래된 문명 중 하나예요. 나일강 삼각주를 따라 피라미드, 그레이트 스핑크스, 멤피스, 테베, 신전, 왕들의 계곡과 같은 상징적인 기념물이 많아요. 국기의 빨간색은 혁명과 투쟁에 의한 피를, 흰색은 평화와 밝은 미래를, 검은색은 칼리프 시대의 영광과 지난날의 암흑시대를 상징해요.

카이로(피라미드와 스핑크스)

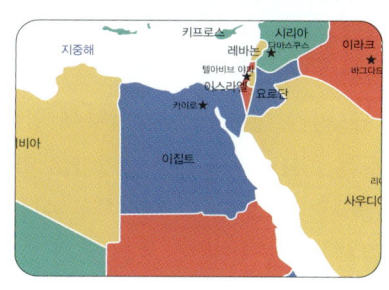

공식 국명 : 이집트아랍공화국
수도 : 카이로
통화 : 이집트 파운드
언어 : 아랍어
면적 : 약 100만 1,400㎢
인구 : 약 8,848만 8,000명
종교 : 이슬람교, 콥틱교, 기독교

국장

잠비아 Zambia

아프리카 대륙의 중앙 남부에 있는 내륙국으로, 현재 잠비아의 영토는 1911년부터 북로디지아로 알려졌으며, 영국의 지배를 받다가 1964년 독립 당시 잠비아로 이름이 바뀌었어요. 잠비아에는 숲, 덤불, 삼림 지대 및 초원 식생 유형과 같은 수많은 생태계가 있으며, 유네스코 세계문화유산인 빅토리아 폭포가 있어요. 국기의 초록색은 천연자원을, 빨간색은 자유를 향한 투쟁을, 검은색은 잠비아의 국민을, 주황색은 풍부한 광물자원을 의미하며, 위에 그려진 독수리는 나라의 고난을 이겨내는 국민의 힘을 의미해요.

공식 국명 : 잠비아 공화국
수도 : 루사카
통화 : 카와차
언어 : 영어
면적 : 75만 2,600㎢
인구 : 약 1,506만 6,300명
종교 : 기독교, 이슬람교, 토착종교

빅토리아 폭포

국장

적도기니 Equatorial Guinea

아프리카 서부의 기니는 섬 지역과 본토 지역의 두 부분으로 구성되어요. 1990년대 중반 이후 적도기니는 사하라 사막 이남의 아프리카 최대 석유 생산국 중 하나가 되었으며, 아프리카의 인당 가장 부유한 국가가 되었어요. 1968년에 스페인으로부터 아프리카 중 가장 먼저 독립했어요. 국기의 초록색은 나라의 천연자원과 밀림을, 파란색은 적도기니의 본토와 섬을 이어주는 바다를, 흰색은 평화를, 빨간색은 독립을 위한 투쟁을 의미해요.

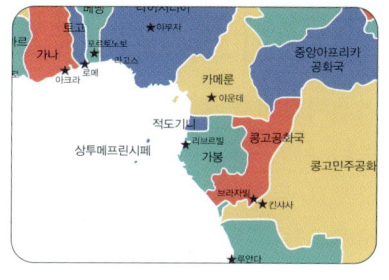

공식 국명 : 적도기니 공화국
수도 : 말라보
통화 : 세파프랑
언어 : 스페인어, 프랑스어
면적 : 약 2만 8,000㎢
인구 : 약 75만 700명
종교 : 가톨릭교, 개신교, 이슬람교

고릴라

국장

중앙아프리카공화국 Central African Republic

아프리카대륙 중앙에 있는 내륙국으로, 현재 국경은 19세기 후반부터 식민지로 통치한 프랑스에 의해 수립되었어요. 1960년 공화국으로 독립하였지만 쿠데타로 제국으로 되었다가 공화국으로 돌아왔어요. 남서쪽 국립공원에는 코끼리와 표범, 사자, 치타와 코뿔소, 그리고 마모셋원숭이 등이 서식하고 있어요. 국기의 파란색은 하늘과 자유를, 흰색은 평화와 존엄을, 빨간색은 나라의 독립을 위해 국민이 흘린 피를, 초록색은 희망과 신뢰를, 노란색은 인내와 관용을, 노란색 별은 밝은 미래를 의미해요.

마모셋원숭이

공식 국명 : 중앙아프리카공화국
수도 : 방기
통화 : 세파프랑
언어 : 프랑스어, 토착어
면적 : 약 62만 2,980㎢
인구 : 약 539만 1,650명
종교 : 토착종교, 가톨릭교, 개신교

국장

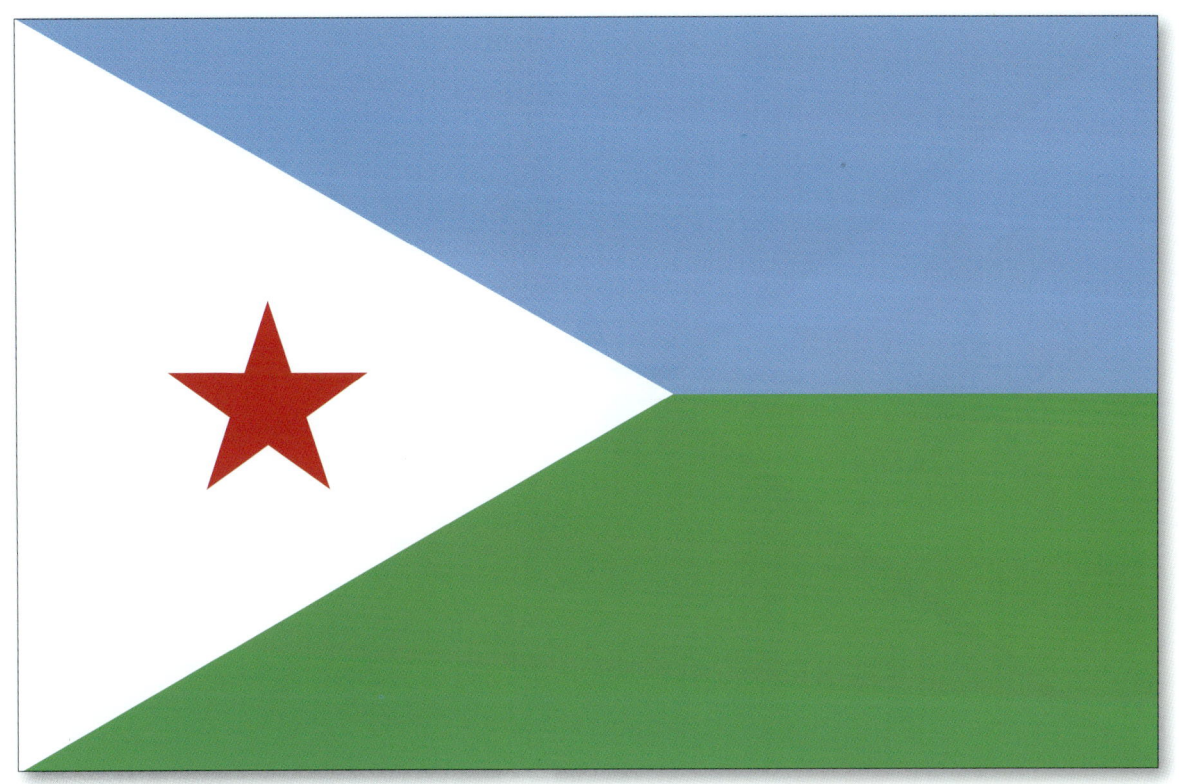

지부티 Djibouti

아프리카 북동쪽 국제 선박과 화물 항로에 위치한 홍해와 인도양에 접해 있어요. 1986년부터 프랑스가 통치하였으며, 1977년 독립했어요. 지부티는 통일된 대통령 공화국으로, 대통령직에 행정권이 있으며, 이는 내각을 장악하고 정부와 국회 모두에서 입법권을 장악해요. 국기의 연두색은 지구를, 하늘색은 하늘과 바다를, 흰색은 평화를, 빨간색 별은 통일을 의미해요.

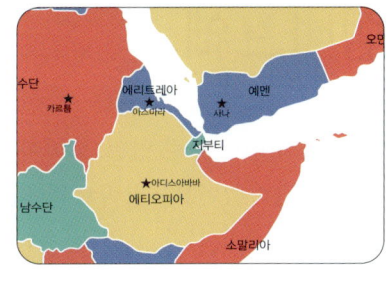

공식 국명 : 지부티 공화국
수도 : 지부티
통화 : 지부티 프랑
언어 : 프랑스어, 아랍어
면적 : 약 2만 3,200㎢
인구 : 약 82만 8,300명
종교 : 이슬람교, 기독교

국제 선박의 물류 항

국장

짐바브웨 Zimbabwe

남부 아프리카 대륙 내륙 국가예요. 영국 식민지로 있던 1963년 로디지아에 속해 있던 잠비아가 독립하자 1980년 짐바브웨로 정식 독립하였어요. 짐바브웨에는 한때 야생 동물과 풍부한 숲으로 덮여 있었지만 삼림 벌채와 밀렵으로 야생 동물의 양이 줄었어요. 국기의 초록색은 농업과 짐바브웨의 농업 지역, 노란색은 나라의 풍부한 광물, **빨간색**은 독립과 해방 전쟁을 위해 흘린 피, 검은색은 짐바브웨의 아프리카 주민들의 전통과 문화, 흰색은 평화를 의미해요.

공식 국명 : 짐바브웨 공화국
수도 : 하라레
통화 : 달러
언어 : 영어, 치쇼나어, 멘데벨어
면적 : 약 39만 750㎢
인구 : 약 1,454만 6,900명
종교 : 이슬람교, 기독교, 토착종교

짐바브웨 주거공간

짐바브웨 시장

차드 Chad

아프리카 대륙 수단의 동쪽, 카메룬의 남서, 중앙아프리카공화국의 남쪽에 있는 내륙국이에요. 프랑스 식민지였지만 1960년에 차드는 프랑수아 톰바 베이의 지도 아래 독립했어요. 유엔 인간 개발 지수에 따르면 차드는 인구의 80%가 빈곤선 이하로 살고 있어요. 국기의 파란색은 하늘과 희망, 물을, 노랑은 태양과 북부의 사막 지대를, 빨간색은 진보와 단결, 희생을 의미해요. 원래 범아프리카 색은 초록, 노랑, 빨간색이었지만 현재 아프리카 말리공화국이 이와 일치한 국기를 사용하고 있어요.

공식 국명 : 차드 공화국
수도 : 은자메나
통화 : 세파프랑
언어 : 프랑스어, 아랍어
면적 : 약 128만 4,000㎢
인구 : 약 1,163만 1,600명
종교 : 이슬람교, 기독교, 토착종교

은자메나

국장

카메룬 Cameroon

아프리카 대륙 중부 동쪽의 중앙아프리카와 서쪽의 나이지리아와 접해 있어요. 독일의 식민지로 있다가, 제1차 세계대전 후 프랑스와 영국의 통치를 받다 분리되었어요. 1960년 프랑스 통치로부터 독립 후 1961년 영국 통치 지역과 합쳐서 카메룬 공화국을 만들었어요. 해안선, 산, 사바나, 사막 및 열대 우림과 같은 카메룬의 다양한 기후와 자연지역으로 풍부한 생물을 지니고 있어요. 국기의 초록색은 남부의 삼림 지대를, **빨간색은 통일을**, 노란색은 북부의 사바나 지대를 의미해요.

카메룬의 가옥

공식 국명 : 카메룬 공화국
수도 : 야운데
통화 : 세파프랑
언어 : 영어, 프랑스어
면적 : 약 47만 5,400㎢
인구 : 약 2,654만 3,900명
종교 : 기독교, 이슬람교, 토착종교

국장

카보베르데 Cape Verde

카보베르데공화국은 중앙 대서양에 있는 섬나라예요. 이 군도는 포르투갈 탐험가들이 섬을 발견하고 식민지화하여 열대지방을 유럽 최초의 정착지로 확립했어요. 대서양 노예무역을 중심지로 하는 섬으로 노예를 섬으로 끌고 온 후손들이에요. 1990년대 초부터 카보베르데는 안정된 대표 민주주의로 활동해 왔으며 아프리카에서 가장 발전되고 민주적인 국가 중 하나예요. 국기의 파란색은 바다와 하늘의 무한한 공간을, 흰색은 평화를, 빨간색은 평화를 위한 노력을 의미하며, 원 모양을 만들고 있는 10개의 노란색 별은 이 나라에 있는 10개의 섬을 의미해요.

프라이아

공식 국명 : 카보베르데 공화국
수도 : 프라이아
통화 : 에스쿠도
언어 : 포르투갈어
면적 : 약 4,033㎢
인구 : 약 54만 6,000명
종교 : 가톨릭교, 개신교

국장

케냐 Kenya

아프리카 동부에 있는 나라로, 접경의 북서쪽에 남수단, 북쪽으로 에티오피아, 동쪽에 소말리아 등이 있어요. 현대의 케냐는 대영제국이 설립한 보호령에서 나왔어요. 영국과 식민지 사이의 독립운동으로 인해 1963년에 독립을 성취하였어요. 케냐의 야생 동물로는 사자, 표범, 물소, 코뿔소, 코끼리 등을 마사이마라에서 볼 수 있어요. 국기의 검은색, 빨간색, 녹색은 각각 흑인, 피, 자연을 상징하는 범아프리카 색이에요. 흰색은 평화를 뜻하며, 마사이족의 방패와 창은 자유의 수호를 나타내요.

공식 국명 : 케냐공화국
수도 : 나이로비
통화 : 케냐실링
언어 : 영어, 스와힐리어
면적 : 약 58만 300㎢
인구 : 약 4,752만 5,300명
종교 : 기독교, 이슬람교, 토착종교

나이로비

국장

코모로 Comoros

아프리카 동부 인도양의 북쪽 끝에 위치한 나라예요. 19세기에 프랑스 식민지 제국의 일부가 되었지만, 1975년 독립을 하였어요. 이 나라는 독립을 선언한 이래 20회 이상의 쿠데타 또는 쿠데타 시도를 경험했으며 여러 국가 원수들이 암살되었어요. 코모로는 세계에서 가장 작은 국가 중 하나예요. 국기의 빨간색은 앙주앙섬을, 파란색은 그랑드 코모로섬을 의미하며, 흰색 초승달과 초록색은 코모로의 종교인 이슬람교의 상징해요.

공식 국명 : 코모로연합
수도 : 모로니
통화 : 코모로 프랑
언어 : 코모로어, 프랑스어, 아랍어
면적 : 약 2,235㎢
인구 : 약 78만 900명
종교 : 이슬람교, 가톨릭교

모로니

국장

코트디부아르 Cote d'Ivoire

아프리카 서부에 있는 공화국이에요. 19세기 후반 프랑스 식민지였지만, 1960년 독립했어요. 국가 원수는 대통령이고 단원제의 국민의회가 있으며, 친프랑스적이며 자유주의 경제를 표방해요. 주요 수출품은 커피·코코아·목재 등의 농림 생산물이 절반 이상을 차지해요. 국기의 주황색은 북부에 있는 사바나 지대, 흰색은 평화, 초록색은 남부에 있는 산림 지대를 뜻해요. 아일랜드의 국기와는 색 배치가 반대예요.

공식 국명 : 코트디부아르 공화국
수도 : 아무수크로
통화 : 세파프랑
언어 : 프랑스어
면적 : 약 32만 2,500㎢
인구 : 약 2,329만 5,500명
종교 : 이슬람교, 기독교, 토착종교

아프리카 코끼리

국장

콩고 Congo

중앙아프리카의 콩고강에 접해있는 나라예요. 콩고는 이전에 적도 아프리카의 프랑스 식민지였지만, 1960년에 프랑스로부터 독립했어요. 콩고는 인민공화국이라는 이름으로 사회주의 국가였으며, 1992년 다당제 선거를 통해 콩고공화국이 되었어요. 콩고의 경제는 석유 부문에 크게 의존하고 있으며, 2015년 이후 유가 하락으로 경제성장이 상당히 둔화되었어요. 국기의 색상인 초록색, 노란색, 빨간색은 범아프리카 색인데 초록색은 나라의 풍요로운 삼림 자원과 미래에 대한 희망, 노란색은 풍요로움과 천연자원을 뜻하며 빨간색은 자유를 향한 투쟁과 열정을 뜻해요.

공식 국명 : 콩고 공화국
수도 : 브라자빌
통화 : 세파프랑
언어 : 프랑스어, 콩고어
면적 : 약 34만 2,000㎢
인구 : 약 486만 명
종교 : 기독교, 토착종교

아프리카 물소

국장

콩고민주공화국 Democratic Republic of the Congo

중앙아프리카 콩고강 유역에 있는 공화국이며 수도는 킨샤사예요. 19세기 콩고자유국의 이름으로 식민지가 되어 벨기에령 시절에는 레오폴 2세에 의한 무자비한 착취와 탄압으로 수백만 명의 인명 피해를 입었어요. 1960년 벨기에로부터 독립하여 조제프 카사부부가 대통령이 되었고, 파트리스 루뭄바가 총리가 되었어요. 국기의 하늘색은 평화를, **빨간색**은 나라의 순교자들의 피를, 노란색은 나라의 부를, 별은 나라의 빛나는 미래를 의미해요.

표범

공식 국명 : 콩고민주공화국
수도 : 킨샤사
통화 : 콩고프랑
언어 : 프랑스어
면적 : 약 234만 4,800㎢
인구 : 약 7,937만 5,200명
종교 : 기독교, 이슬람교, 토착종교

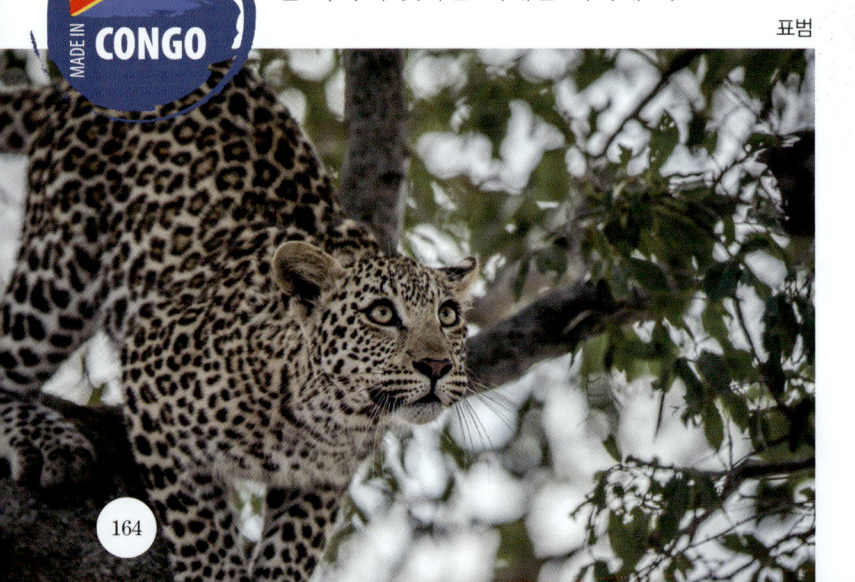

국장

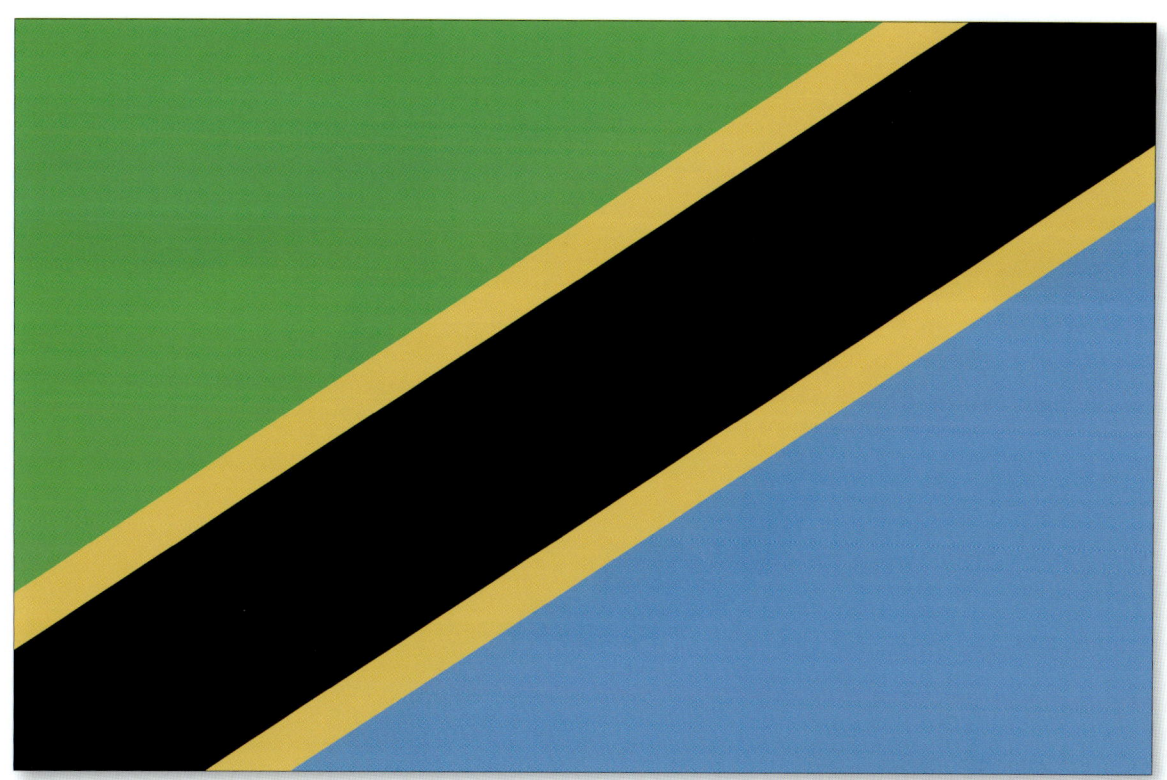

탄자니아 Tanzania

탄자니아는 아프리카 동부 인도양에 접한 나라로, 킬리만자로 산이 있는 북동쪽에 산이 많고 울창한 숲이 있어요. 아프리카의 오대호 중 3개는 부분적으로 탄자니아 내에 있으며, 북쪽과 서쪽에는 아프리카에서 가장 큰 호수인 빅토리아 호수와 독특한 물고기 종으로 유명한 대륙에서 가장 깊은 호수인 탕가니카 호수가 있어요. 영국 신탁 통치령이었던 탕가니카와 잔지바르가 1964년에 합병하여 연합공화국을 형성했어요. 국기의 녹색은 국토를, 검은색은 국민을, 금색은 나라의 광물 자원을, 파란색은 수많은 강과 호수, 인도양을 의미해요.

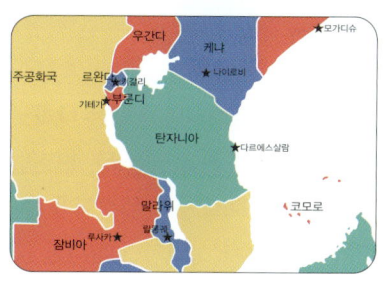

공식 국명 : 탄자니아합중국
수도 : 도도마
통화 : 탄자니아 실링
언어 : 스와힐리어, 영어
면적 : 약 94만 7,300㎢
인구 : 약 5,274만 5,000명
종교 : 기독교, 이슬람교, 토착종교

국장

도도마

165

토고 Togo

아프리카 서부 기니만에 있는 나라로, 영국과 프랑스의 지배를 받다 1956년에 자치 정부를 성립한 뒤, 1958년 유엔 감시하의 총선에서 완전 독립을 요구하는 토고 통일 위원회가 승리해 1960년 공화국으로 독립했어요. 대한민국과 수교하였지만 1974년 국교를 단절하였다가 1991년 재수교하였으며, 2006년 FIFA 월드컵 대한민국과 토고의 경기를 통해 대한민국 국민들에게 토고가 널리 알려지게 되었어요. 국기의 초록색은 농업, 나라의 희망을, 노란색은 광업, 나라의 발전, 신뢰를, 빨간색은 사랑, 충성심을, 하얀 별은 토고 국민의 단결, 순수함을 의미해요.

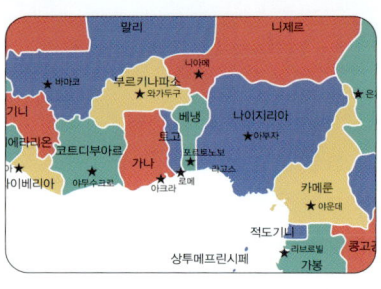

공식 국명 : 토고 공화국
수도 : 로메
통화 : 세파프랑
언어 : 프랑스어
면적 : 약 5만 6,800㎢
인구 : 약 768만 2,000명
종교 : 토착종교, 기독교, 이슬람교

토고 오두막

국장

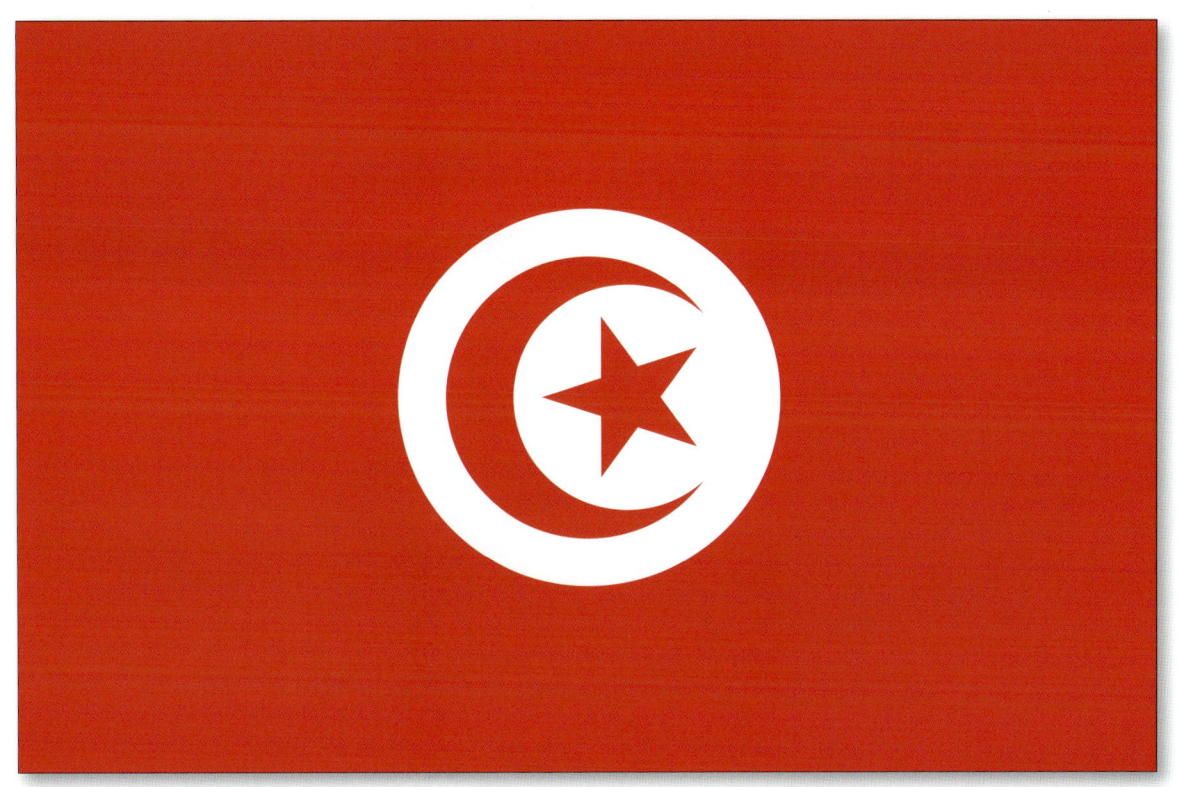

튀니지 Tunisia

튀니지는 북서 아프리카의 지중해 연안에 위치하고 있으며 대서양과 나일 강 삼각주 사이에 있어요. 프랑스의 식민지였지만, 독립운동 끝에 1956년 독립했어요. 지리적으로 튀니지는 아틀라스산맥의 동쪽 끝과 사하라 사막의 북쪽 끝을 포함해요. 튀니지의 관광명소 중에는 국제적인 수도인 튀니스, 고대 카르타고 유적지, 저바의 무슬림 및 유대인 구역, 모나스 티르 외곽의 해안 휴양지가 있어요. 국기의 빨간색은 순교자의 피를, 흰색 원은 평화를 의미하며, 흰색 원 안에 그려진 붉은색 초승달은 무슬림의 단결을, 붉은색 별은 이슬람교의 다섯 기둥을 의미해요.

공식 국명 : 튀니지 공화국
수도 : 튀니스
통화 : 튀니지 디나르
언어 : 아랍어
면적 : 약 16만 3,600㎢
인구 : 약 1,103만 8,000명
종교 : 이슬람교, 기독교

튀니스

국장

북아메리카 North America

과테말라 Guatemala

중앙아메리카가 경계로 멕시코 북쪽과 서쪽으로 벨리즈 등과 접해 있는 민주주의 국가예요. 메소 아메리카 전역으로 확장된 마야 문명의 핵심은 역사적으로 현대 과테말라의 영토에 기반을 두고 있어요. 16세기에 스페인에 의해 정복되었고, 1821년 중미 연방 공화국의 일부로 독립하여 1847년 정식으로 공화국이 되었어요. 과테말라는 많은 사회문제에 직면해 있으며 라틴 아메리카에서 가장 가난한 나라 중 하나예요. 국기의 하늘색 두 줄은 과테말라가 태평양과 카리브해 사이에 위치함을 의미하며 흰색은 평화와 순결을 의미해요.

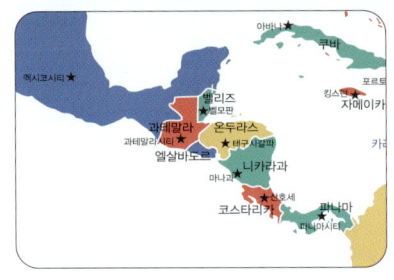

공식 국명 : 과테말라공화국
수도 : 과테말라시티
통화 : 케찰
언어 : 스페인어
면적 : 약 10만 9,000㎢
인구 : 약 1,591만 9,000명
종교 : 가톨릭교, 개신교

과테말라시티

국장

그레나다 Grenada

그레나다섬은 앤 탈리스 제도 군도의 최남단 섬으로 동부 카리브 해와 서부 대서양과 접해 있어요. 영국의 식민지로 있다가 자치권을 획득하고 1974년 독립했어요. 그레나다는 여러 가지 향신료, 특히 육두구가 가장 많이 수출되며 국기에 그려져 있는 메이스, 바나나, 코코아, 과일과 야채, 의류, 초콜릿, 생선 등이 있어요. 국기의 빨간색은 용기와 생명력을, 노란색은 지혜와 따뜻함을, 녹색은 농업과 식물을 의미하며, 깃대 쪽에는 그레나다의 중요한 농산물인 육두구 열매가 그려져 있어요.

공식 국명 : 그레나다
수도 : 세인트조지
통화 : 동카리브달러
언어 : 영어
면적 : 약 344㎢
인구 : 약 11만 700명
종교 : 가톨릭교, 개신교

과달루페 교회

국장

니카라과 Nicaragua

니카라과는 태평양의 중앙아메리카 중에서 가장 큰 두 개의 담수 호수인 마나과 호수와 니카라과 호수가 있어요. 멕시코에 속한 상태로 니카라과는 새로 형성된 중앙아메리카 연합 주에 합류했으며, 나중에 중앙아메리카 연방 공화국으로 이름이 변경되어, 마침내 1838년에 독립공화국이 되었어요. 황소 상어는 민물에서 오랜 기간 동안 생존한 상어의 종이며, 그것은 니카라과 산 후안강에서 종종 찾아볼 수 있어요. 국기의 파란색은 2개의 태양과 카리브해를, 흰색은 조국의 순수성을 나타내요.

뜨거운 화산

공식 국명 : 니카라과공화국
수도 : 마나구아
통화 : 코로도바 오로
언어 : 스페인어
면적 : 약 13만 370㎢
인구 : 약 590만 7,890명
종교 : 가톨릭교

국장

도미니카 Dominica

윈드워드 제도의 최북단인 카리브해에 있는 섬나라예요. 15세기에 콜럼버스에 의해 발견되었어요. 프랑스와 영국 식민지가 되었으며, 1978년 영국으로부터 독립했어요. 카리브해 연안에는 많은 고래류가 서식하고 있어요. 특히 향유고래 무리가 살고 있으며, 병코돌고래 등이 있어요. 국기의 녹색은 초록빛의 국토를, 검은색은 지구와 아프리카의 조상을, 흰색은 맑은 물과 순수함을, 노란색은 햇빛과 농업을, 빨간색 원은 사회의 정의를 의미하며, 앵무새는 도미니카 연방 국민의 향상을, 10개의 녹색 별은 도미니카 연방을 구성하는 10개 구를 의미해요.

로조

공식 국명 : 도미니카연방
수도 : 로조
통화 : 동카리브 달러
언어 : 영어
면적 : 약 751㎢
인구 : 약 71,300명
종교 : 가톨릭

국장

도미니카공화국 Dominican Republic

그레이터 앤틸리스 제도에서 두 번째로 큰 섬인 히스파니올라의 동쪽, 북쪽으로는 대서양, 남쪽으로는 카리브해로 구성되어 있어요. 1492년에 콜럼버스에 의해 발견되어 스페인의 식민지가 되었어요. 그 후 프랑스, 아이티, 스페인, 1916년~1924년에는 미국의 통치를 받다가 이후 완전 독립국이 되었어요. 골프코스와 산토도밍고에 위치한 성당, 성, 수도원 등 관광은 경제 성장의 원동력 중 하나예요. 국기의 파란색은 자유를, 흰색 십자가는 구세주를, 빨간색은 영웅들의 피를 의미하며, 민간기는 국장이 없는 형태의 기를 사용해요.

산토도밍고

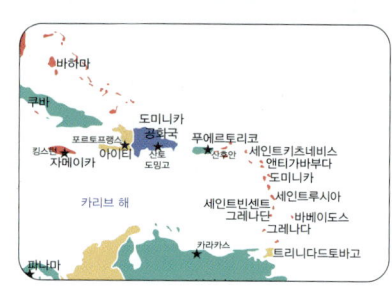

공식 국명 : 도미니카공화국
수도 : 산토도밍고
통화 : 도미니카 페소
언어 : 스페인어
면적 : 약 4만 8,440km^2
인구 : 약 1,070만 명
종교 : 가톨릭

국장

멕시코 Mexico

멕시코는 북아메리카 남부에 있는 나라예요. 1521년에 스페인 제국은 멕시코 영토를 정복하고 식민지화했으며, 1821년에 스페인으로부터 독립을 했어요. 멕시코는 세계에서 6번째로 관광객들이 가장 많이 방문한 국가로, 관광 수입이 세계에서 15번째로 높아요. 국기의 색상 중에서 초록색은 독립과 대지 등을, 흰색은 순결과 통일을, 빨간색은 백인·인디오·메스티소 등의 인종의 통합과 국가 독립을 위해 바친 희생을 상징해요. 뱀을 물고 선인장 위에 앉아 있는 독수리 모양의 국장은 아스텍의 테노치티틀란 전설에서 유래된 것이에요.

공식 국명 : 멕시코 합중국
수도 : 멕시코 시티
통화 : 멕시코 페소
언어 : 스페인어, 고유언어
면적 : 약 196만 4,380㎢
인구 : 약 1억 2,200만 명
종교 : 가톨릭

멕시코 시티(메트로폴리탄 대성당)

국장

미국 America

북아메리카 대륙의 캐나다와 멕시코 사이에 있는 세계에서 3번째로 큰 국가예요. 냉전 기간 동안 미국과 소련은 다양한 대리전쟁을 벌였지만 직접적인 군사 분쟁은 피했어요. 소련의 붕괴로(1991년) 냉전을 끝내고 세계의 유일한 초강대국이 되었어요. 미국의 국기 또는 성조기는 13개의 빨간색과 흰색이 번갈아가며 가로로 그어진 바탕에 그리고 왼쪽 위편에 그려진 사각형 안에 50개의 흰색의 별로 구성되어 있어요. 13개의 빨간색 줄과 흰색 줄은 미국의 초기 연방국에 가입한 연방주를 뜻하며 50개의 별은 오늘날 미국의 총 연방주의 수를 뜻해요.

공식 국명 : 아메리카합중국
수도 : 워싱턴 D.C
통화 : US 달러
언어 : 영어
면적 : 약 982만㎢
인구 : 약 3억 2,710만 명
종교 : 기독교

워싱턴 D.C

국장

뉴욕

바베이도스 Barbados

중앙아메리카의 카리브해에 있는 작은 섬나라예요. 1627년 영국의 식민지가 되어 지배를 받다가 1966년에 완전한 독립을 얻었어요. 바베이도스는 4종의 둥지거북(녹색거북, 바다거북, 대모거북, 가죽거북 등)의 서식지이며 카리브해에서 2번째로 큰 대모거북 번식 개체수를 보유하고 있어요. 사탕수수를 발효해 만든 럼주를 수출하는 등 세계에서 가장 큰 설탕 산업국 중 하나예요. 국기의 파란색은 카리브해와 대서양을, 노란색은 모래를 의미해요. 국기 가운데에 그려진 삼지창은 그리스 신화에 등장하는 바다의 신인 포세이돈의 무기로 독립을 의미해요.

공식 국명 : 바베이도스
수도 : 브리지타운
통화 : 바베이도스 달러
언어 : 영어
면적 : 약 430㎢
인구 : 약 29만 600명
종교 : 개신교

브리지타운

국장

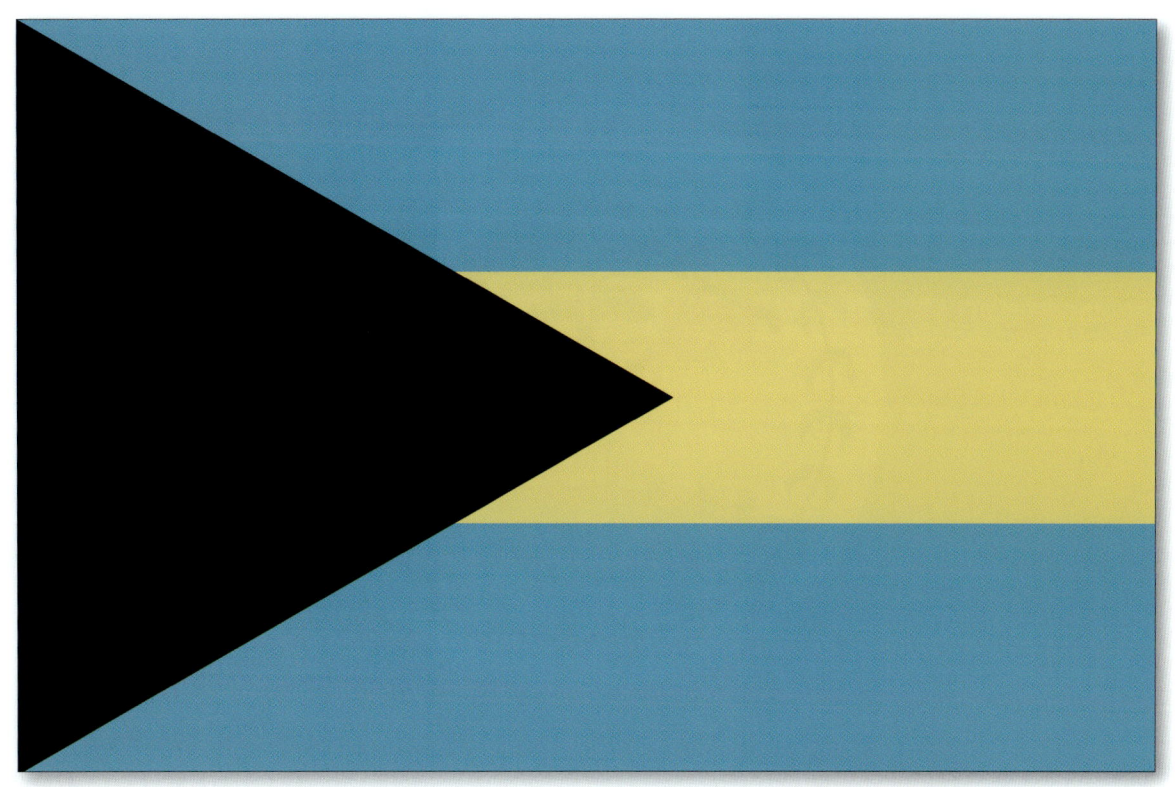

바하마 Bahamas

중앙아메리카의 카리브해에 있는 큰 섬 29개와 작은 섬 661개로 이루어진 섬나라예요. 1973년에 엘리자베스 2세를 여왕으로 하여 린든 핀들 링 경이 이끄는 정부가 독립을 얻었지만 지금도 영국연방의 일원으로 남아 있어요. 바하마는 미주에서 가장 부유 한 국가 중 하나이며(미국과 캐나다에 이어) 관광 및 해외 금융을 기반으로 한 경제예요. 국기의 검은색 삼각형은 국민의 단결과 결의를, 파란색은 바다를, 노란색은 육지를 상징해요.

공식 국명 : 바하마연방국
수도 : 나소
통화 : 바하마 달러
언어 : 영어
면적 : 약 1만 3,900㎢
인구 : 약 32만 4,590명
종교 : 개신교

나소

국장

벨리즈 Belize

중앙아메리카 유카탄 반도 연안에 위치하고 있으며, 16세기 스페인령으로 멕시코에 편입되었지만, 1862년 영국에 식민지가 되었으며, 1981년 영국으로부터 완전 독립을 달성하였어요. 농산물에 의존하는 농수산품이 전체 수출에 80%를 차지해요. 국기의 빨간색 띠는 벨리즈의 독립과 자주를, 파란색은 카리브해를, 흰색은 평화를, 50개의 마호가니 잎은 벨리즈의 옛 이름이었던 영국령 온두라스가 독립운동을 시작한 해인 1950년을 의미해요. 문장 안에 있는 두 사람은 메스티소와 크리올 두 인종의 상부상조와 근면을 상징하고 나라를 이끄는 주역임을 뜻해요.

수나투니치

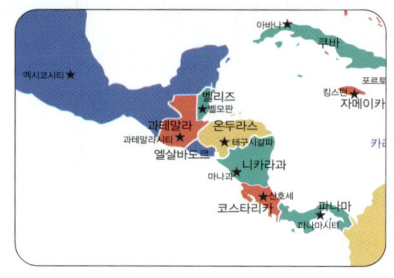

공식 국명 : 벨리즈
수도 : 벨모판
통화 : 벨리즈 달러
언어 : 영어, 스페인어
면적 : 약 2만 2,970㎢
인구 : 약 34만 7,370명
종교 : 가톨릭교, 개신교

국장

세인트루시아 Saint Lucia

세인트루시아는 카리브해에 있는 섬나라예요. 프랑스의 지배를 받다가 1814년 파리 조약으로 영국의 식민지가 되었으며, 1979년 독립 국가가 되었고 영연방의 회원이 되었어요. 관광 명소로는 드라이브인 화산, 설퍼 스프링스, 수 폴스의 지퍼 라이닝, 식물원, 열대우림 등 여러 옵션이 있어요. 국기의 파란색은 바다와 충성을, 금색은 햇빛과 번영을, 흰색과 검은색은 인종의 화합을 의미하며, 커다란 삼각형은 세인트루시아의 상징인 피톤즈의 두 개의 큰 봉우리를 의미해요.

공식 국명 : 세인트루시아
수도 : 캐스트리스
통화 : 동카리브 달러
언어 : 영어, 프랑스어
면적 : 약 616㎢
인구 : 약 16만 3,930명
종교 : 가톨릭교, 개신교

캐스트리스

국장

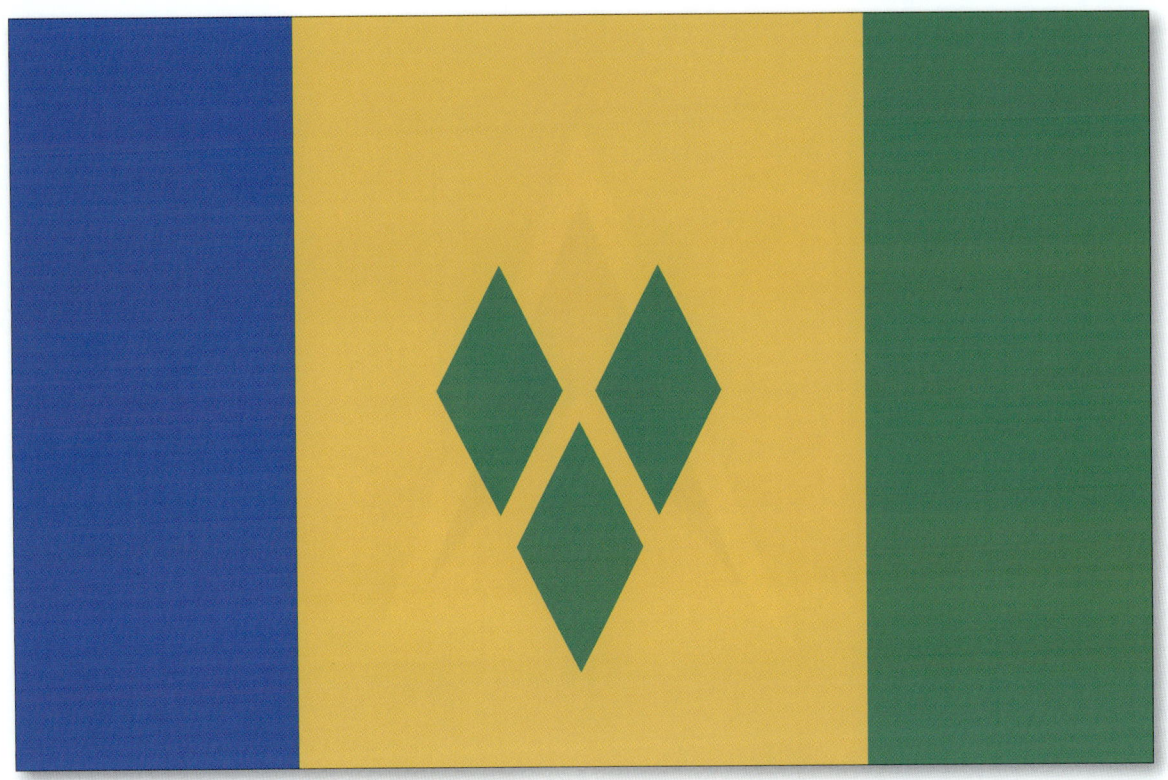

세인트빈센트그레나딘 Saint Vincent and the Grenadines

세인트빈센트그레나딘은 카리브해에 있는 섬나라예요. 동카리브해의 소앤틸리스 제도 남방에 떠 있는 약 600여 개의 섬으로, 1979년 영국 의회의 승인을 받아 정식으로 독립했어요. 경제는 전통적으로 농업이 중심으로 전체 노동력의 80%가 농업에 집중되어 있어요. 주요 산물로는 바나나와 땅콩 및 산림자원예요. 국기의 파란색은 하늘과 바닷물을, 노란색은 그레나딘 제도의 모래를, 초록색은 푸른 식물을 의미하며, V자 모양으로 놓인 세 개의 초록색 마름모는 '앤틸리스 제도의 보석'을 의미함과 동시에 세인트빈센트섬을 의미해요.

공식 국명 : 세인트빈센트그레나딘
수도 : 킹스타운
통화 : 동카리브 달러
언어 : 영어, 프랑스어
면적 : 약 389㎢
인구 : 약 10만 2,680명
종교 : 기독교, 가톨릭

킹스타운

국장

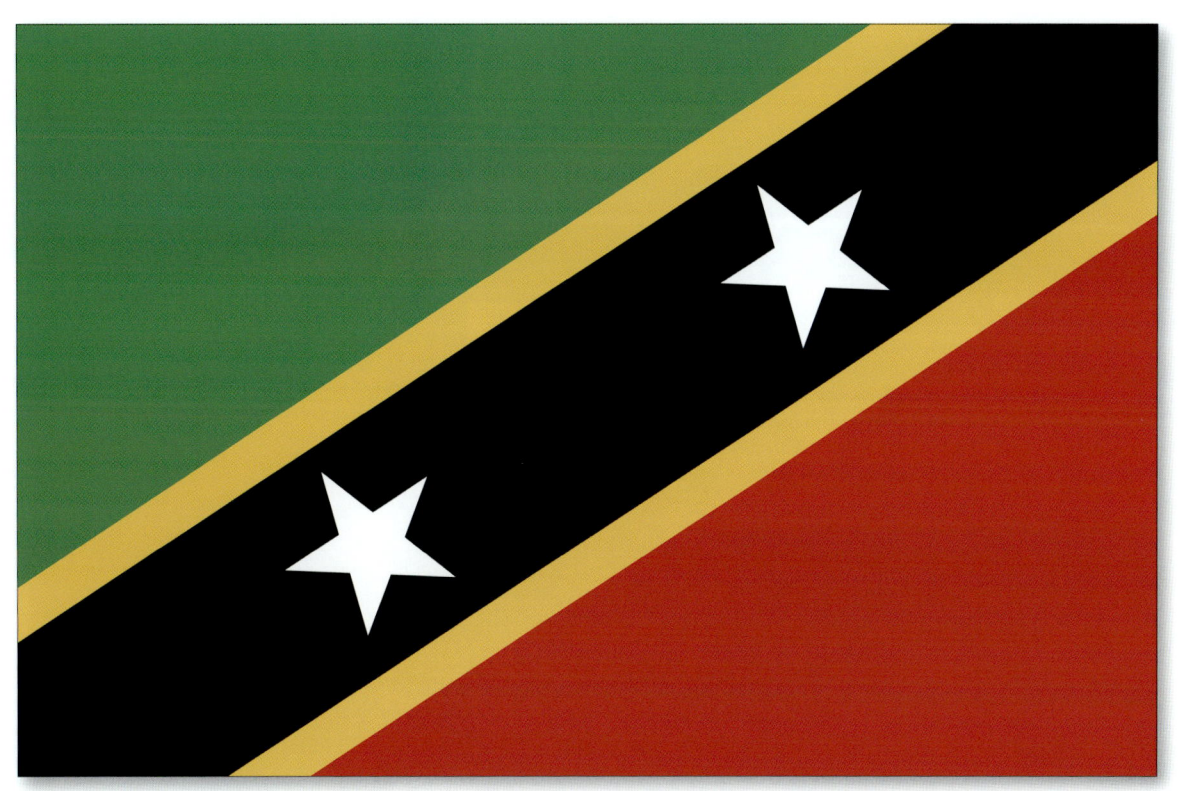

세인트키츠네비스 Saint Kitts and Nevis

세인트키츠네비스 연방은 1983년 영국으로부터 독립한 섬나라이며, 카리브해의 리워드 제도 최북단에 위치한 세인트키츠섬과 네비스섬으로 이루어진 나라예요. 1967년 '세인트크리스토퍼네비스 앵귈라'라는 이름으로 자치권을 획득하고 1983년 9월에 이르러 완전 독립을 달성했어요. 영국연방의 48번째 가맹국이며 국제 연합(UN)의 158번째 승인국이기도 해요. 주요 산업은 농업과 관광이며, 특히 국가 수출의 60% 이상을 사탕수수가 차지하고 있어요. 국기의 초록색은 풍요로운 섬을, 빨간색은 식민지 시절 노예들이 일으켰던 독립 투쟁을, 노란색은 햇빛을, 검은색은 아프리카의 전통을, 두 개의 하얀색 별은 자유와 희망을 의미해요.

공식 국명 : 세인트키츠네비스연방
수도 : 바스테르
통화 : 동카리브 달러
언어 : 영어
면적 : 약 261㎢
인구 : 약 5만 1,930명
종교 : 개신교, 가톨릭교

바스테르

국장

아이티 Haiti

아이티는 그레이터 앤틸리스 제도에서 두 번째로 큰 섬이에요. 동쪽으로 쿠바와 자메이카가 있어요. 이 섬에는 원래 남아메리카에서 이주한 타이노 원주민이 살고 있었지만, 섬은 스페인과 프랑스에 의해 점령되었으며, 식민지를 거쳐 1804년 독립하였다가 1915년~1934년까지 미국의 지배를 받았어요. 아이티는 하얀 모래 해변, 산악 경관, 연중 내내 따뜻한 기후를 가지고 있어요. 국기의 파란색과 빨간색은 1803년 아이티 혁명의 지도자였던 장자크 드살린이 프랑스의 국기의 하얀색을 제거한 것을 국기로 사용한 것에서 유래되었어요.

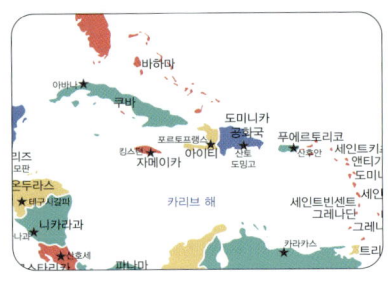

공식 국명 : 아이티공화국
수도 : 포르토 프랭스
통화 : 구르드
언어 : 프랑스어, 크레올어
면적 : 약 2만 7,760㎢
인구 : 약 1,010만 명
종교 : 가톨릭교, 개신교

포르토 프랭스의 교회

국장

앤티가바부다 Antigua and Barbuda

앤티가바부다는 카리브해와 대서양을 끼고 있는 섬나라이자 영국 연방의 회원국이에요. 앤티가섬과 바부다섬이라는 비교적 면적이 넓은 섬 두 개와 작은 섬들로 이루어진 소규모 열도를 영토로 가지고 있어요. 앤티가바부다는 대한민국과는 1981년에 수교했으며, 독립 당시 한국은 승용차 10대와 픽업트럭, 경운기, 청소차 등을 무상 원조하였어요. 국기의 태양은 떠오르는 새로운 시대의 여명을, 검은색은 아프리카의 조상을, 노란색은 태양을, 파란색은 카리브 해와 희망을, 흰색은 모래를, 빨간색은 국민의 역량을 의미해요.

공식 국명 : 앤티가바부다
수도 : 세인트존스
통화 : 동카리브 달러
언어 : 영어
면적 : 약 443㎢
인구 : 약 9만 2,430명
종교 : 개신교, 가톨릭

세인트존스

국장

엘살바도르 El Salvador

중앙아메리카 중부 태평양 연안에 있는 나라로, 서쪽으로 과테말라, 북·동쪽으로 온두라스에 접해 있어요. 1524년부터 스페인의 지배를 받다가 1821년 엘살바도르 공화국으로 독립했어요. 축구를 좋아하는 엘살바도르는 1970년쯤에는 온두라스와 축구 전쟁이 벌어지고 이 전쟁에서 이긴 엘살바도르가 본선에 진출했어요. 공업이 가장 발달하였지만, 농업이 여전히 국가 경제의 큰 부분을 차지해요. 국기의 파란색은 태평양과 대서양과 하늘을, 흰색은 평화와 협력을 나타내요.

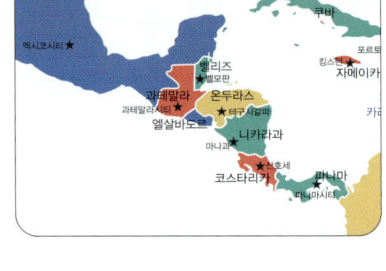

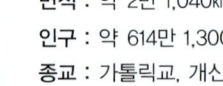
산살바도르

공식 국명 : 엘살바도르공화국
수도 : 산살바도르
통화 : 미국달러
언어 : 스페인어
면적 : 약 2만 1,040㎢
인구 : 약 614만 1,300명
종교 : 가톨릭교, 개신교

국장

온두라스 Honduras

중앙아메리카에 있는 나라로, 영토는 80% 정도가 산으로 이루어져 있어요. 16세기 스페인에 정복되었고 1821년에 독립한 이후부터 공화국이 되었어요. 가난한 저개발국으로, 커피·바나나가 수출의 약 절반을 차지하고 있어요. 1962년 대한민국과 수교하였으며 이듬해에 현지 한국 공관이 설치되었지만 후에 철수하여 주 과테말라 한국 공관이 겸직하고 있어요. 국기의 파란색은 태평양과 카리브해를, 흰색은 평화와 국민의 번영을 의미해요. 중앙에 있는 5개의 별은 중앙아메리카 연방공화국을 구성하고 있던 5개 나라를 의미해요.

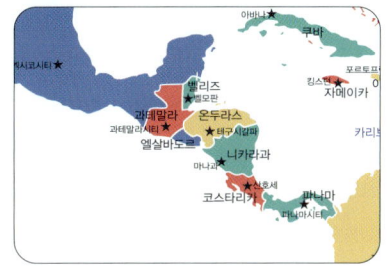

공식 국명 : 온두라스공화국
수도 : 테구시갈파
통화 : 온두라스 렘피라
언어 : 스페인어
면적 : 약 11만 2,100㎢
인구 : 약 874만 6,600명
종교 : 가톨릭

테구시갈파

국장

자메이카 Jamaica

자메이카는 카리브해에서 3번째로 큰 섬이에요. 1494년 콜럼버스가 도착한 후 스페인의 통치를 받게 되었으며 많은 수의 아프리카 노예들이 자메이카에서 노동자로 살았어요. 후에 영국이 정복하여 자메이카로 이름을 바꾸고 영국 연방에서 최초로 독립하였어요. 스포츠는 자메이카의 국민 생활에서 없어서는 안 될 부분이며 국제무대에서 우사인 볼트 등 우수한 육상 선수를 배출한 나라예요. 국기의 노란색은 자메이카의 천연자원과 빛나는 태양을, 검은색은 자메이카 국민의 역량과 창조를, 초록색은 자메이카의 농업과 미래에 대한 희망을 의미해요.

공식 국명 : 자메이카
수도 : 킹스톤
통화 : 자메이카 달러
언어 : 영어
면적 : 약 10,990㎢
인구 : 약 278만 1,500명
종교 : 기독교

킹스톤

국장

캐나다 Canada

캐나다는 러시아에 이어 세계에서 2번째로 큰 국가예요. 유럽의 식민지화 이전 수천 년 동안 다양한 원주민들이 현재 캐나다에 거주했어요. 프랑스와 영국의 식민지였지만 1951년 캐나다 국명으로 독립하였어요. 캐나다는 대서양에서 방대한 천연가스 매장지를 보유하고 있으며 앨버타 또한 대규모 석유 및 가스 자원을 보유하고 있어요. 국기의 좌우에 있는 **빨간색**은 태평양과 대서양을, 중앙에 있는 단풍잎은 캐나다의 상징목인 단풍나무의 단풍잎으로 캐나다가 태평양과 대서양 사이에 있음을 알리고 있어요.

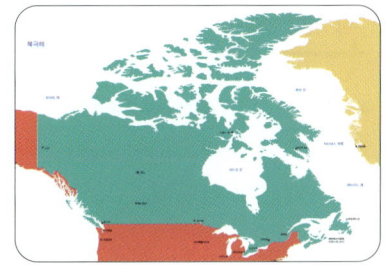

캐나다 의회가 있는 웅장한 신고딕 양식의 건물

공식 국명 : 캐나다
수도 : 오타와
통화 : 캐나다 달러
언어 : 영어, 프랑스어
면적 : 약 998만 4,600㎢
인구 : 약 3,509만 9,800명
종교 : 가톨릭, 개신교

국장

코스타리카 Costa Rica

코스타리카는 동쪽으로 카리브해, 서쪽으로 태평양과 접해 있어요. 그리고 북쪽으로는 니카라과, 남쪽으로는 파나마와 접해 있어요. 스페인의 식민지가 되었지만 중앙아메리카 4개국과 함께 독립하였어요. 1948년 코스타리카 내전 이후 1949년에 영구적으로 군대를 폐지하여 상설군이 없는 소수의 주권 국가 중 하나가 되었어요. 국기의 파란색은 하늘, 기회, 이상주의, 인내를, 흰색은 평화, 지혜, 행복을, 빨간색은 나라를 지키기 위해 순교자들이 흘린 피, 국민의 온화함과 관용을 의미해요.

공식 국명 : 코스타리카공화국
수도 : 산호세
통화 : 콜론
언어 : 스페인어
면적 : 약 5만 1,100㎢
인구 : 약 481만 4,100명
종교 : 가톨릭, 개신교

산호세

국장

쿠바 Cuba

북아메리카의 카리브 제도에 있는 가장 큰 섬과 인근 섬들로 이루어진 아메리카 유일의 사회주의 국가예요. 쿠바와 미국 간의 긴밀성은 쿠바의 역사에 매우 많은 영향을 끼쳐 미국은 끊임없이 쿠바를 지배하려고 넘보았지만 체 게바라의 지휘 아래 혁명을 일으켜 공산정권을 세웠어요. 카리브해에 떠 있는 붉은 섬이라는 별명을 가진 쿠바는 스페인과 아프리카의 영향을 받은 문화를 가진 나라예요. 국기의 흰색 두 줄은 순결과 애국심을 상징하며, 삼각형은 자유와 평등, 박애, 빨간색은 독립을 위해 흘린 피를, 하얀색 별은 독립을 의미해요.

공식 국명 : 쿠바공화국
수도 : 아바나
통화 : 쿠바 페소
언어 : 스페인어
면적 : 약 11만 862㎢
인구 : 약 1,114만 7,000명
종교 : 가톨릭

국회의사당

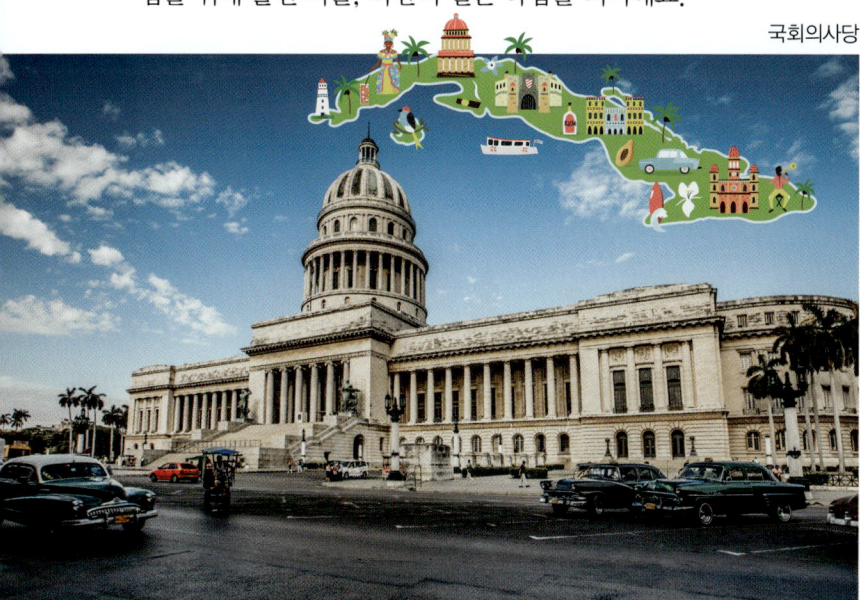

국장

트리니다드토바고 Trinidad and Tobago

트리니다드토바고는 남아메리카에서 아주 가깝지만, 문화, 지리적 특징에 따라 북아메리카에 속하는 나라로 분류되어요. 트리니다드섬과 토바고섬은 이 나라의 가장 주된 두 개의 섬이며, 그 밖에 21개의 작은 섬으로 이루어져 있어요. 스페인, 프랑스 등 유럽 국가들의 식민 지배를 받다가 영국으로부터 1962년 독립했어요. 농산물로는 감귤, 코코아, 사탕수수 등을 생산하며, 수출품은 석유와 석유 제품이 다수를 차지해요. 국기의 빨간색은 국민의 열정과 햇빛을, 흰색은 바다와 평등을, 검은색은 국민의 강인함과 단결의 사명을 의미해요.

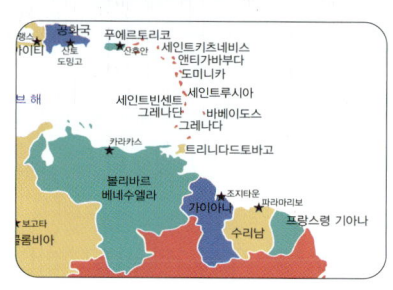

공식 국명 : 트리니다드토바고공화국
수도 : 포트오브스페인
통화 : 트리니다드토바고 달러
언어 : 영어
면적 : 약 5,130㎢
인구 : 약 122만 2,300명
종교 : 가톨릭, 개신교, 힌두교

포트오브스페인

국장

파나마 Panama

북아메리카 최남단인 파나마 지협에 있는 나라예요. 지형적인 특징 때문에 태평양과 대서양을 연결하는 파나마 운하가 이 나라에 설치되어 있어요. 스페인의 식민지로 있다가 1821년 독립했지만 콜롬비아로 편입되어 1903년에 분리 독립하였어요. 파나마는 군대가 없어요. 미국이 파나마 운하의 이권을 지키기 위해 파나마의 군대 보유를 금지시켰기 때문이지요. 국기의 흰색은 보수당과 자유당 양대 정당 간의 단결과 평화를, 파란색 별은 충성, 청렴, 결백을, 빨간색 별은 국가의 권위, 법률을 의미해요.

공식 국명 : 파나마공화국
수도 : 파나마 시티
통화 : 발보아
언어 : 스페인어
면적 : 약 7만 5,400㎢
인구 : 약 365만 7,000명
종교 : 가톨릭, 개신교

파나마 시티

국장

남아메리카 South America

가이아나 Guyana

남아메리카 동쪽에 있는 나라로, '기아나'로 알려진 이 지역은 아마존강 북쪽과 '많은 물의 땅'으로 알려진 오리 노코강 동쪽에 있는 큰 방패 육지로 구성되어 있어요. 영국의 지배를 받기 전에 네덜란드에 의해 식민지화되었으며, 1966년 독립했고 1970년에 공식적으로 영연방의 공화국이 되었어요. 가이아나의 주요 경제 활동은 농업(쌀과 설탕), 보크사이트 및 금 채굴, 목재, 새우 낚시 및 광물이에요. 국기의 녹색은 농업과 삼림을, 흰색은 풍요로운 물과 강을, 금색은 광물 자원을, 검은색은 인내를, 빨간색은 새로운 국가의 건설에 대한 국민의 열정과 활력을 의미해요.

공식 국명 : 가이아나협동공화국
수도 : 죠지타운
통화 : 가이아나 달러
언어 : 영어
면적 : 약 21만 4,900㎢
인구 : 약 73만 5,000명
종교 : 기독교, 힌두교, 이슬람교

죠지타운

국장

베네수엘라 Venezuela

베네수엘라는 남미 북부에 위치하고 있어요. 16세기부터 300년간 스페인의 식민 지배를 받다가 1830년 완전한 독립국가가 되었어요. 베네수엘라는 다양한 풍경, 풍부한 식물과 야생 동물, 예술적 표현과 해변의 열대 기후 때문에 최근 관광이 상당히 발전했어요. 석유 생산국으로 세계 10위 안에 드는 석유 수출국이에요. 국기의 노란색은 나라의 풍부함을, 파란색은 하늘과 바다를, 빨간색은 독립을 위해 흘렸던 피를 의미하며, 8개의 별은 독립 선언서에 서명했던 7개의 주와 시몬 볼리바르가 그란콜롬비아의 영토에 포함하려고 했던 과야나 지방을 의미해요.

공식 국명 : 베네수엘라볼리바르공화국
수도 : 카라카스
통화 : 볼리바르
언어 : 스페인어
면적 : 약 91만 2,000㎢
인구 : 약 2,927만 5,400명
종교 : 가톨릭, 개신교

국장

카라카스

볼리비아 Bolivia

볼리비아는 남미 중부 지역으로, 서부의 안데스 지역 최고의 문명지로 잉카 제국의 영토였어요. 스페인이 잉카 제국을 멸망시켜서 식민 지배를 받다가 1825년에 볼리바르 군대에 의해 독립했어요. 1,100만 명으로 추정되는 이 나라의 인구는 아메리카인, 메스티조인, 유럽인, 아시아인 및 아프리카인을 포함하여 다민족이 모여 살아요. 국기의 빨간색은 볼리비아의 용사들을, 노란색은 볼리비아의 광물 자원을, 초록색은 풍요로움을 의미해요.

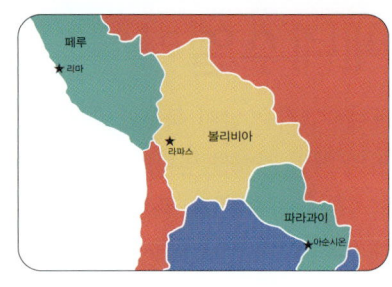

공식 국명 : 볼리비아공화국
수도 : 라파스
통화 : 볼리비아노
언어 : 스페인어, 케추아어, 아이마라어 등
면적 : 약 109만 8,500㎢
인구 : 약 1,100만 명
종교 : 가톨릭

라파스

국장

브라질 Brazil

브라질은 남미 동부 해안을 따라 넓은 지역을 차지하고 있으며 대륙 내부의 대부분을 포함하며 남쪽의 우루과이와 육지 경계를 공유해요. 1531년부터 포르투갈 식민 지배를 받다가 1889년에 대통령 공화국이 되었어요. 관광 상품으로는 지구의 허파라 불리는 아마존 열대우림, 해변과 모래언덕에서 리우데자네이루와 산타카타리나, 문화 관광, 모험 여행이 결합되어 있어요. 국기는 초록 바탕에는 노란색 마름모가 있고 그 안에 파랑 원이 있으며 원 안에는 흰색 띠가 가로질러 있어요. 초록색은 농업과 산림 자원을, 노란색은 광업과 지하자원을, 파란색은 하늘을 나타내요.

공식 국명 : 브라질연방공화국
수도 : 브라질리아
통화 : 헤알
언어 : 포르투갈어
면적 : 약 851만 4,870㎢
인구 : 약 2억 425만 9,800명
종교 : 가톨릭, 개신교

브라질리아

국장

수리남 Suriname

수리남은 남미에서 가장 작은 독립 국가예요. 네덜란드의 신민 지배를 받다가 1975년 독립했어요. 수리남은 문화적으로 카리브해 국가로 간주되며 카리브해 공동체의 회원이에요. 수리남은 네덜란드어가 정부, 비즈니스, 미디어 및 교육에 널리 사용되는 공식 언어인 유럽 이외의 유일한 주권 국가예요. 국기의 빨간색은 사랑과 진보를, 흰색은 정의와 평화를, 초록색은 풍요로운 국토와 희망을, 노란색 별은 수리남을 구성하는 민족의 단결을 의미해요.

공식 국명 : 수리남공화국
수도 : 파라마리보
통화 : 수리남 달러
언어 : 네덜란드어, 타키타키어
면적 : 약 16만 3,820㎢
인구 : 약 57만 9,600명
종교 : 힌두교, 이슬람교, 기독교

파라마리보

국장

아르헨티나 Argentina

아르헨티나는 남미 남부에 위치하고 있으며 서부 안데스산맥을 가로질러 칠레와 국경을 공유하고 있어요. 16세기 중엽부터 스페인의 식민 지배가 시작되었으며, 1810년 독립을 선언하고 독립국을 만들었어요. 아르헨티나는 유럽의 영향력이 큰 다문화 국가예요. 현대 아르헨티나 문화는 프랑스, 영국, 독일에서 이탈리아, 스페인 및 기타 유럽 이민자의 영향을 많이 받았어요. 국기의 하늘색과 흰색은 아르헨티나 독립 전쟁이 일어났던 당시 병사들의 군복 색상이었던 하늘색과 흰색에서 유래되었어요.

공식 국명 : 아르헨티나공화국
수도 : 부에노스아이레스
통화 : 페소, 아르헨티나 달러
언어 : 스페인어
면적 : 약 278만 400㎢
인구 : 약 4,343만 1,800명
종교 : 가톨릭, 개신교

부에노스아이레스

국장

에콰도르 Ecuador

남아메리카 대륙 북서부에 있는 나라예요. 현대 에콰도르의 영토는 한때 15세기에 잉카 제국에 편입된 다양한 아메리카인 그룹의 본거지였어요. 16세기에 스페인에 의해 식민지화되었으며, 1830년에 독립 국가로 등장했어요. 갈라파고스 제도는 다윈의 진화론과 유네스코 세계문화유산의 탄생지로 유명한 독특한 동물군의 지역으로 잘 알려져 있어요. 국기의 노란색은 황금과 농업, 천연자원을, 파란색은 하늘과 바다를, 빨간색은 조국과 자유를 위해 희생한 영웅들의 피를 의미해요.

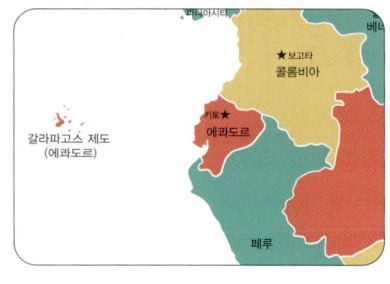

공식 국명 : 에콰도르공화국
수도 : 키토
통화 : US달러
언어 : 스페인어, 케주아어
면적 : 약 28만 3,500㎢
인구 : 약 1,586만 8,000명
종교 : 가톨릭

키토

국장

우루과이 Uruguay

남아메리카 남동부에 있는 나라로, 남아메리카에서 2번째로 작아요. 서쪽에는 아르헨티나와 남쪽에 브라질 사이에 있어요. 우루과이는 원래 브라질에 속해 있었지만 독립전쟁에서 아르헨티나의 지원으로 1828년 독립을 이루었어요. 우루과이 전기의 97% 이상이 재생 에너지에서 나와요. 전기의 대부분은 수력발전 설비와 풍력을 이용해요. 국기의 9개의 가로 줄무늬는 우루과이가 독립하던 당시에 있었던 9개의 주를 의미하며, 국기에 그려진 5월의 태양은 아르헨티나의 국기에서 유래된 디자인으로 세계에 등장한 신생 국가를 의미해요.

공식 국명 : 우루과이동방공화국
수도 : 몬테비데오
통화 : 우루과이 페소
언어 : 스페인어
면적 : 약 17만 6,200㎢
인구 : 약 334만 1,800명
종교 : 가톨릭

국장

몬테비데오

칠레 Chile

남아메리카 남서부의 안데스산맥 서쪽에 위치하며, 길고 좁게 뻗어 있어요. 스페인의 식민지가 되었다가 1818년 스페인으로부터 독립을 선언한 후 칠레는 1830년대에 비교적 안정된 권위주의 공화국으로 부상했어요. 산페드로데아타카마는 잉카 양식의 건축물, 알티플라노 호수 및 계곡을 감상하기 위해 관광객들에게 매우 인기가 있어요. 국기의 빨간색은 독립을 위해 선조들이 흘린 피를, 파란색은 하늘과 태평양을, 흰색은 하얀 눈에 덮인 안데스산맥을, 별은 명예와 진보의 길잡이를 의미해요.

산티아고(대통령 집무실)

공식 국명 : 칠레공화국
수도 : 산티아고
통화 : 페소
언어 : 스페인어
면적 : 약 75만 6,100㎢
인구 : 약 1,750만 8,000명
종교 : 가톨릭, 개신교

 국장

콜롬비아 Colombia

콜롬비아는 에콰도르 및 베네수엘라와 공유되는 안데스산맥의 지리적 특징이 있어요. 스페인과 포르투갈의 식민 지배를 받았으며, 스페인으로부터의 독립은 1810년에 이루어졌어요. 콜롬비아의 영토는 아마존 열대 우림, 고지대, 초원, 사막을 포함하며 대서양과 태평양을 따라 해안선과 섬이 있는 남미 유일의 국가예요. 국기의 노란색은 금과 태양, 콜롬비아의 국민을, 파란색은 물과 바다를, 빨간색은 독립 투쟁에서 흘린 피를 의미해요.

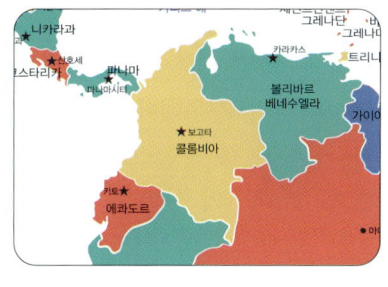

보고타

- 공식 국명 : 콜롬비아공화국
- 수도 : 보고타
- 통화 : 콜롬비아 페소
- 언어 : 스페인어
- 면적 : 약 113만 8,900㎢
- 인구 : 약 4,673만 6,700명
- 종교 : 가톨릭

국장

파라과이 Paraguay

남아메리카 가운데에 있는 내륙국이에요. 남서쪽으로 아르헨티나, 동쪽과 북동쪽으로 브라질, 북서쪽으로 볼리비아와 접해 있어요. 스페인의 식민 지재를 받다가 1811년 독립했어요. 파라과이는 세계에서 가장 큰 댐(파라나강)에서 생산되는 전기는 브라질, 아르헨티나, 우루과이에 판매되어 세계 최대 전력 수출국이 되었어요. 파라과이의 국기는 세계에서 유일하게 앞면과 뒷면이 다른 국기인데 앞면은 파라과이의 국장, 뒷면은 파라과이 재무부 문장이 그려져 있어요.

공식 국명 : 파라과이공화국
수도 : 아순시온
통화 : 과라니
언어 : 스페인어, 과라니어
면적 : 약 40만 6,700㎢
인구 : 약 678만 3,000명
종교 : 가톨릭

국기 뒷면

국장

이구아수 폭포

페루 Peru

페루는 문명의 요람으로 고대 문화의 본거지였어요. 잉카 제국이 있던 나라로 '마추픽추'가 있어요. 스페인 제국은 16세기에 이 지역을 정복하고 식민 지배를 했으며, 페루는 공식적으로 1821년 독립을 선언, 그리고 아야쿠초 전투 후에 페루는 1824년 독립을 완료했어요. 페루에는 1,800종 이상의 새와 500종의 포유류와 300종 이상의 파충류가 있어요. 포유동물로는 퓨마, 재규어와 안경곰 등이 있어요. 국기의 빨간색은 독립을 위해 흘린 피를, 흰색은 평화와 용맹함을 의미해요. 정부기, 해군기, 군기는 국장이 그려져 있는 형태의 기를 사용하며, 민간기는 국장이 없는 형태의 기를 사용해요.

공식 국명 : 페루공화국
수도 : 리마
통화 : 누에보솔
언어 : 스페인어, 케츄아어
면적 : 약 128만 5,200㎢
인구 : 약 3,044만 5,000명
종교 : 가톨릭

마추픽추

국장

오세아니아 Oceania

나우루 Nauru

나우루는 태평양 남쪽에 타원형 모양의 섬으로 산호초에 의해 둘러 싸여 있어요. 바티칸 시티와 모나코에 이어서 세계에서 3번째로 작은 나라예요. 19세기 후반 독일 제국에 합병되어 식민지로 주장되었지만, 제1차 세계 대전과 제2차 세계 대전 이후 국가는 유엔 신탁 통치권에 들어간 후 나우루는 1968년 독립하여 태평양 공동체의 일원이 되었어요. 국기의 파란색은 태평양을, 노란색은 적도를 의미해요. 흰색 별은 나우루가 적도 1도에 있다는 것을 의미하며, 12개의 빛은 나우루의 12개의 부족의 단결을 뜻해요.

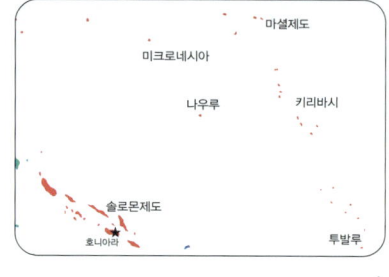

공식 국명 : 나우루공화국
수도 : 야렌
통화 : 호주 달러
언어 : 영어, 나우루어
면적 : 약 21㎢
인구 : 약 9,640명
종교 : 기독교

나우루 해변

국장

뉴질랜드 New Zealand

뉴질랜드는 태평양 남서부에 있는 2개의 주요 섬과 여러 개의 작은 섬으로 구성되어 있어요. 19세기 영국의 식민지가 되었다가 1907년에는 자치령으로 완전한 법적 독립성을 얻었지만, 지금도 영국 국왕이 국가 원수로 남아 있어요. 숲은 새들이 지배했고, 인간들이 들어와서 서식지에 변화가 생겨 조류들이 없어지고 있어요. 국기의 진한 파란색 바탕의 왼쪽 위에 있는 유니언 잭은 뉴질랜드가 영국 연방의 일원임을 상징해요. 흰색 테두리를 두른 빨간색 오각별 4개는 남십자성이며, 진한 파란색은 남태평양을 나타내고 별들의 위치는 남태평양에서의 이 나라 위치를 나타내요.

공식 국명 : 뉴질랜드
수도 : 웰링턴
통화 : 뉴질랜드 달러
언어 : 영어, 마오리어
면적 : 약 26만 7,800㎢
인구 : 약 443만 8,400명
종교 : 개신교, 가톨릭

웰링턴

국장

마셜제도 Marshall Islands

오세아니아의 태평양 중서부에 있는 1,200개의 섬으로 이뤄진 나라예요. 16세기 스페인, 독일, 일본의 지배를 거쳐 1986년 미국의 신탁 통치령으로부터 독립하였어요. 마셜 제도의 국가는 우리나라의 길옥윤이 작곡하였어요. 국기의 파란색은 태평양을, 대각선은 적도를, 흰색은 일출(라다크 열도)과 평화를, 주황색은 일몰(랄리크 열도)과 용기를 의미해요. 흰색 별은 북반구 바로 앞에 위치한 군도임을 의미하며 24개의 빛은 24개의 자치 구역을, 4개의 긴 빛은 마셜 제도를 구성하는 4개의 가장 큰 섬을 의미해요.

공식 국명 : 마셜제도공화국
수도 : 마주로
통화 : US달러
언어 : 영어, 마샬어
면적 : 약 181㎢
인구 : 약 7만 2,190명
종교 : 가톨릭, 개신교

마샬제도의 산호

국장

미크로네시아 Micronesia

오세아니아 서쪽에 있는 작은 섬으로 구성된 나라예요. 16세기 스페인, 독일, 일본에 의하여 점령되었지만 제2차 세계대전 후 미군이 점령하여 신탁 통치령이 되었지만, 1986년 독립했어요. 오늘날 대부분의 미크로네시아는 미국 영토인 북마리아나제도의 연방, 괌 및 웨이크섬을 제외하고는 독립된 주예요. 국기의 하늘색은 태평양을 뜻하며 하얀색 별 4개는 미크로네시아 연방을 구성하는 4개의 큰 섬(추크 제도, 폰페이섬, 야프섬, 코트라에섬)을 뜻해요.

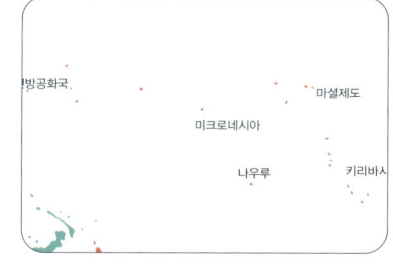

공식 국명 : 미크로네시아연방국
수도 : 팔리키르
통화 : 달러
언어 : 영어, 미크로네시아어
면적 : 약 702km²
인구 : 약 10만 5,200명
종교 : 기독교

팔리키르

국장

바누아투 Vanuatu

오세아니아의 남태평양에 위치한 섬나라예요. 바누아투는 멜라네시아 사람들이 처음 거주했어요. 1880년대에 프랑스와 영국은 군도의 일부를 차지했고, 1980년에 독립하였어요. 국기의 빨간색은 화합을, 초록색은 국토의 풍요로움을, 검은색은 바누아투의 국민을, 노란색 Y자 형상은 태평양의 섬들을 밝게 비추는 복음서의 빛을 의미해요. 검은색 삼각형 가운데에는 노란색 멧돼지의 송곳니 안에 둘러싸여 있는 두 개의 양치류 잎이 그려져 있으며, 멧돼지의 송곳니는 번영을, 두 개의 양치식물 잎은 평화를, 양치식물 잎에 달린 39개의 작은 잎은 바누아투 의회를 구성하는 의원 39명을 의미해요.

포트빌라

공식 국명 : 바누아투공화국
수도 : 포트빌라
통화 : 바투
언어 : 비슬라마어, 영어, 프랑스어
면적 : 약 1만 2,200㎢
인구 : 약 27만 2,270명
종교 : 기독교

국장

사모아 Samoa

오세아니아 남태평양 서사모아 제도의 섬들이 모인 11개의 행정구역이 있는 단일 의회 민주주의 국가예요. 미국령 사모아를 포함하는 전체 섬 그룹은 사모아의 항해 기술 때문에 20세기 이전 유럽 탐험가들에 의해 '내비게이터섬'이라고 불렸어요. 독일, 영국, 뉴질랜드에 의해 점령되었지만, 1962년 독립을 달성했어요. 국기는 빨간색 바탕에 왼쪽 상단에 그려져 있는 작은 파란색 직사각형 안에는 하얀색 남십자자리가 그려져 있어요. 빨간색은 충성, 하얀색은 순결, 파란색은 애국심을 의미해요.

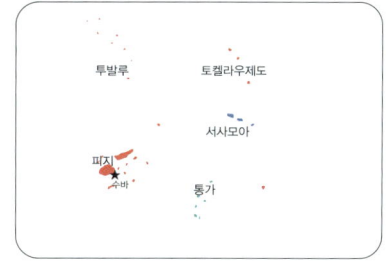

공식 국명 : 사모아독립국
수도 : 아피아
통화 : 탈라
언어 : 영어, 사모아어
면적 : 약 2,830㎢
인구 : 약 19만 8,000명
종교 : 기독교

아피아

국장

솔로몬제도 Solomon Islands

솔로몬제도는 파푸아 뉴기니의 동쪽과 바누아투의 북서쪽에 위치한 오세아니아의 6개 주요 섬과 900개가 넘는 작은 섬으로 구성된 주권 국가예요. 영국의 지배를 받다가 1978년 독립하였지만 현재 영국연방의 영국 여왕을 군주로 섬기는 입헌군주제가 되었어요. 국기의 5개의 별은 이 나라의 가장 큰 5개의 섬을 의미하며, 파란색은 섬을 둘러싸고 있는 바다를, 초록색은 육지를, 노란색은 햇빛을 의미해요.

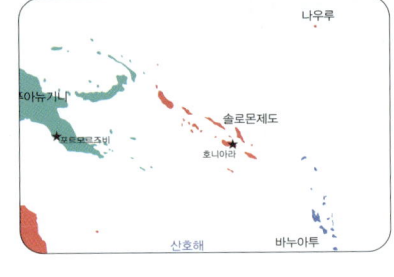

공식 국명 : 솔로몬제도
수도 : 호니아라
통화 : 솔로몬 달러
언어 : 영어, 멜라네시아어
면적 : 약 2만 9,000㎢
인구 : 약 62만 2,500명
종교 : 기독교

솔로몬제도의 산호

국장

오스트레일리아 Australia

오세아니아에서 가장 큰 국가이며 전체 면적은 세계에서 6번째로 큰 국가예요. 1788년 대륙은 영국과 유럽 정착민에 의해 세운 이래 영국의 식민 상태였다가 1901년 6개의 식민지가 연합하여 호주 연방을 형성해서 독립했어요. 호주 동물은 캥거루, 코알라, 웜뱃, 에뮤와 쿠카부라와 같은 동물이 있어요. 국기의 파란색 바탕 왼쪽 상단에 붙어 있는 유니언 잭은 오스트레일리아가 영국 연방의 일원임을 의미해요. 유니언 잭 아래쪽에 그려진 커다란 하얀색 칠갑별은 연방의 별이라고 불리는데 이는 오스트레일리아를 구성하는 주와 준주를 의미해요.

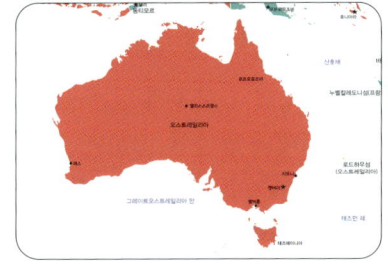

공식 국명 : 오스트레일리아연방
수도 : 캔버라
통화 : 호주 달러
언어 : 영어
면적 : 약 774만 1,200㎢
인구 : 약 2,275만 1,100명
종교 : 기독교

시드니 오페라 하우스

국장

키리바시 Kiribati

중부 태평양의 서쪽에 있는 섬들이 모여 만든 나라예요. 영국의 식민지 지배를 받다가 1979년 독립하였어요. 이 나라는 지구의 온난화로 해수온이 상승하여 섬들이 바다에 잠길 것을 대비하여 국민들을 다른 나라로 이주할 것을 권고하고 있어요. 국기의 군함조는 바다, 자유, 권위에 대한 명령과 권력을, 파도는 키리바시를 구성하는 3개의 군도(길버트 제도, 피닉스 제도, 라인 제도)와 태평양을, 태양에 그려진 17개의 햇빛은 길버트 제도를 구성하는 16개의 섬과 바나바섬을 나타내요.

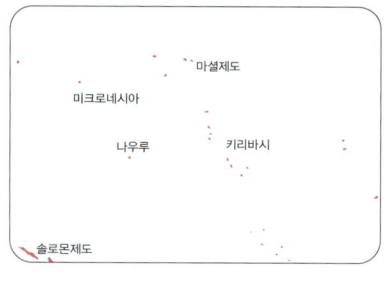

공식 국명 : 키리바시공화국
수도 : 타라와
통화 : 오스트레일리아 달러
언어 : 영어, 키리바시어
면적 : 약 811㎢
인구 : 약 10만 5,700명
종교 : 가톨릭, 기독교

키리바시의 물고기

국장

통가 Tonga

오세아니아에 위치한 통가는 남태평양에 있는 군도이며 사모아 바로 남쪽에 있어요. 프랑스와 영국의 식민 지배를 거쳐 1974년 독립했어요. 통가의 전설로 거슬러 올라가면 통가에서 날아다니는 박쥐를 신성시해요. 따라서 그들은 보호되고 해를 입거나 사냥당하지 않아요. 그 결과 여우 박쥐는 통가의 많은 섬에서 번성하고 있어요. 국기는 19세기 초반에 통가에 들어온 기독교가 국기에도 반영되어 십자가는 기독교를, 빨간색은 구세주가 흘린 피를 상징해요. 1862년에 처음 사용하였지만, 1863년에 제정된 국제적십자기와 너무 흡사하여 1875년 현재의 국기로 수정하였어요.

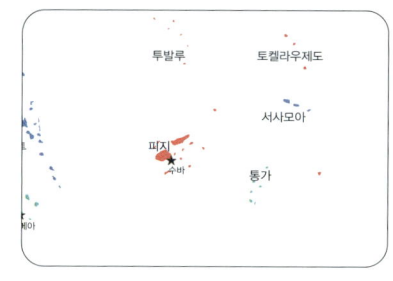

공식 국명 : 통가왕국
수도 : 누쿠알로파
통화 : 팡가
언어 : 영어, 통가어
면적 : 약 748㎢
인구 : 약 10만 6,500명
종교 : 기독교

통가의 선사시대 삼석탑

국장

투발루 Tuvalu

투발루는 폴리네시아에 있는 섬나라예요. 면적은 대한민국의 부산광역시 남구, 나로도(고흥군) 면적과 비슷해요. 영국의 식민지에 편입된 이후 영국 보호령이 되었다가 1978년 영국연방의 일원으로 독립하였어요. 국기의 왼쪽 상단에 그려진 영국의 국기는 투발루가 영국 연방의 일원임을 의미하고, 남태평양을 상징하는 하늘색 바탕에 그려져 있는 9개의 노란색 별은 투발루를 구성하고 있는 9개의 섬을 의미하는 데 국기를 세로 방향으로 게양할 때 지리적으로 올바르게 배치되도록 시계 방향으로 순환하는 형태로 디자인되어 있어요.

투발루의 산호와 거북

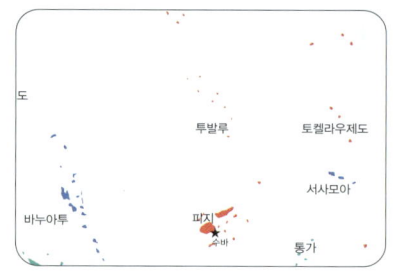

공식 국명 : 투발루
수도 : 푸나푸티
통화 : 호주 달러
언어 : 투발루어, 영어
면적 : 약 26㎢
인구 : 약 1만 900명
종교 : 기독교

국장

파푸아뉴기니 Papua New Guinea

이 나라는 남태평양에 있는 섬나라이며, 오세아니아의 국가 중에서는 유일하게 육지에 국경이 존재해요. 파푸아뉴기니에서는 865여 종 이상의 지역 언어가 사용되고 있으며, 이 언어들은 파푸아 제어, 멜라네시아어족, 오스트로네시아어족으로 크게 나뉘어요. 독일, 영국, 오스트레일리아의 식민 지배를 거쳐 1975년 오스트레일리아로부터 독립했어요. 국기의 빨간색과 검은색은 파푸아뉴기니의 전통적인 색이며, 검은색, 흰색, 빨간색은 1918년까지 파푸아뉴기니를 통치했던 독일 제국의 국기에 그려져 있던 색이기도 해요.

공식 국명 : 파푸아뉴기니독립국
수도 : 포트모르즈비
통화 : 키나
언어 : 영어, 피진어, 히리모투어
면적 : 약 46만 2,800㎢
인구 : 약 667만 2,500명
종교 : 기독교

파푸아뉴기니 해변

국장

팔라우 Palau

팔라우는 태평양 서부의 연방 국가로서, 필리핀의 남동쪽, 인도네시아령 서뉴기니의 북쪽에 인접한 섬나라예요. 16세기 스페인의 식민지였지만 그 후 독일, 일본, 미국의 통치를 받다가 1994년 10월 완전히 독립하였어요. 팔라우는 1995년에 대한민국과 수교하였고, 필리핀의 마닐라 주재 한국대사관 영사부에서 겸임 관할하는 국가예요. 국기의 하늘색은 태평양을, 금색 동그라미는 보름달, 사랑과 평화, 평온을 의미해요. 방글라데시의 국기, 일본의 국기와는 색 배치만 다를 뿐 매우 유사한 편이에요.

공식 국명 : 팔라우공화국
수도 : 멜레케오크
통화 : US달러
언어 : 팔라우어, 영어
면적 : 약 459㎢
인구 : 약 2만 1,200명
종교 : 기독교, 토착종교

팔라우의 산호와 물고기

국장

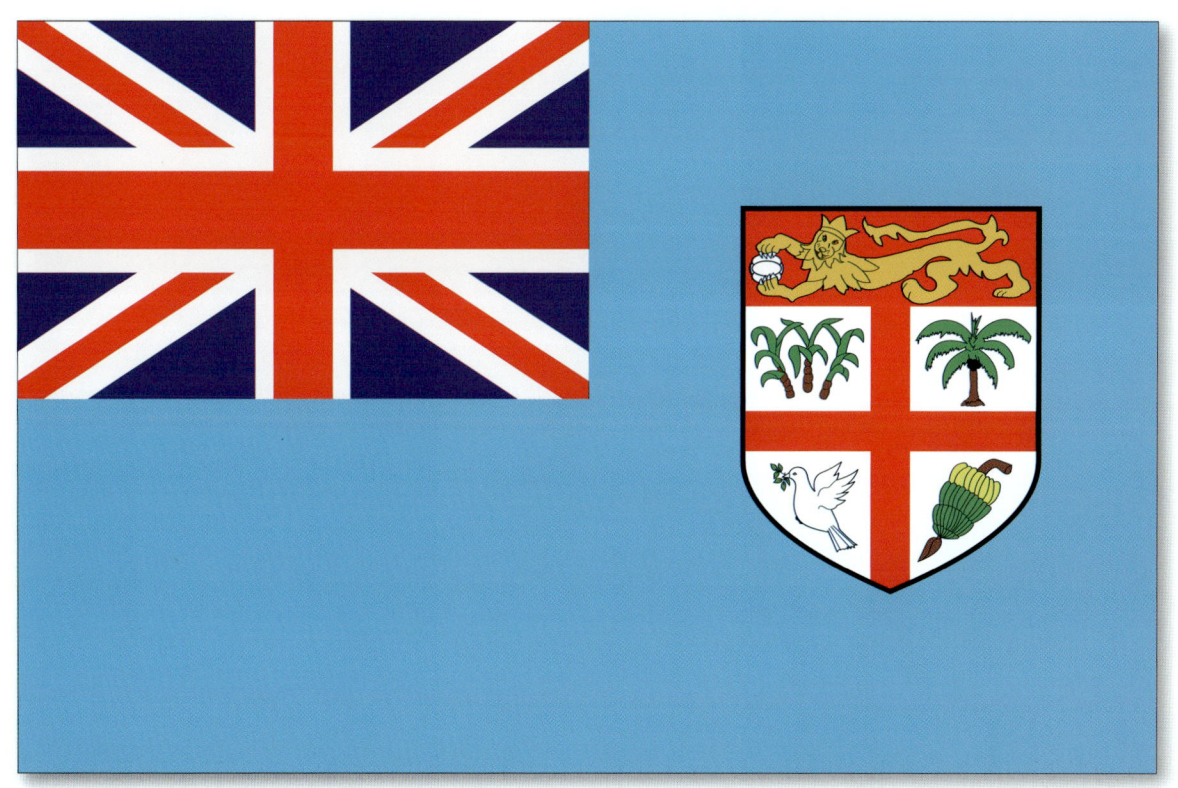

피지 Fiji

피지는 남태평양 한가운데에 위치한 섬나라예요. 바누아투와 통가의 가운데에 위치해 있고, 피지에는 332개의 섬이 있는데, 대부분은 화산섬이며, 전체 섬 중 1/3은 무인도이며, 피지에서 가장 높은 곳은 비치레부섬에 있는 토마니비산으로서 높이는 해발 1,324m예요. 영국의 식민지가 되었고 1970년 영국연방의 일원으로 독립하였으며, 1987년 영국 연방을 완전히 탈퇴하였어요. 국기의 하늘색 바탕에 왼쪽 상단에는 영국의 국기가 그려져 있으며, 오른쪽 하단에는 피지의 국장의 방패가 그려져 있어요. 하늘색은 태평양을 의미하며, 영국의 국기는 이 나라가 영국 연방의 일원임을 의미해요.

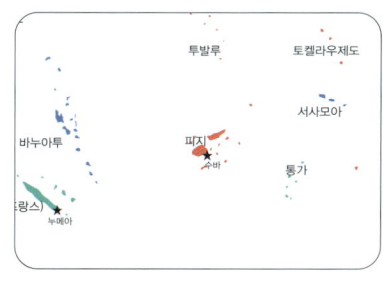

피지 해변

공식 국명 : 피지공화국
수도 : 수바
통화 : 피지 달러
언어 : 영어, 피지어, 힌두어
면적 : 약 1만 8,200㎢
인구 : 약 90만 9,400명
종교 : 기독교, 힌두교, 이슬람교

국장

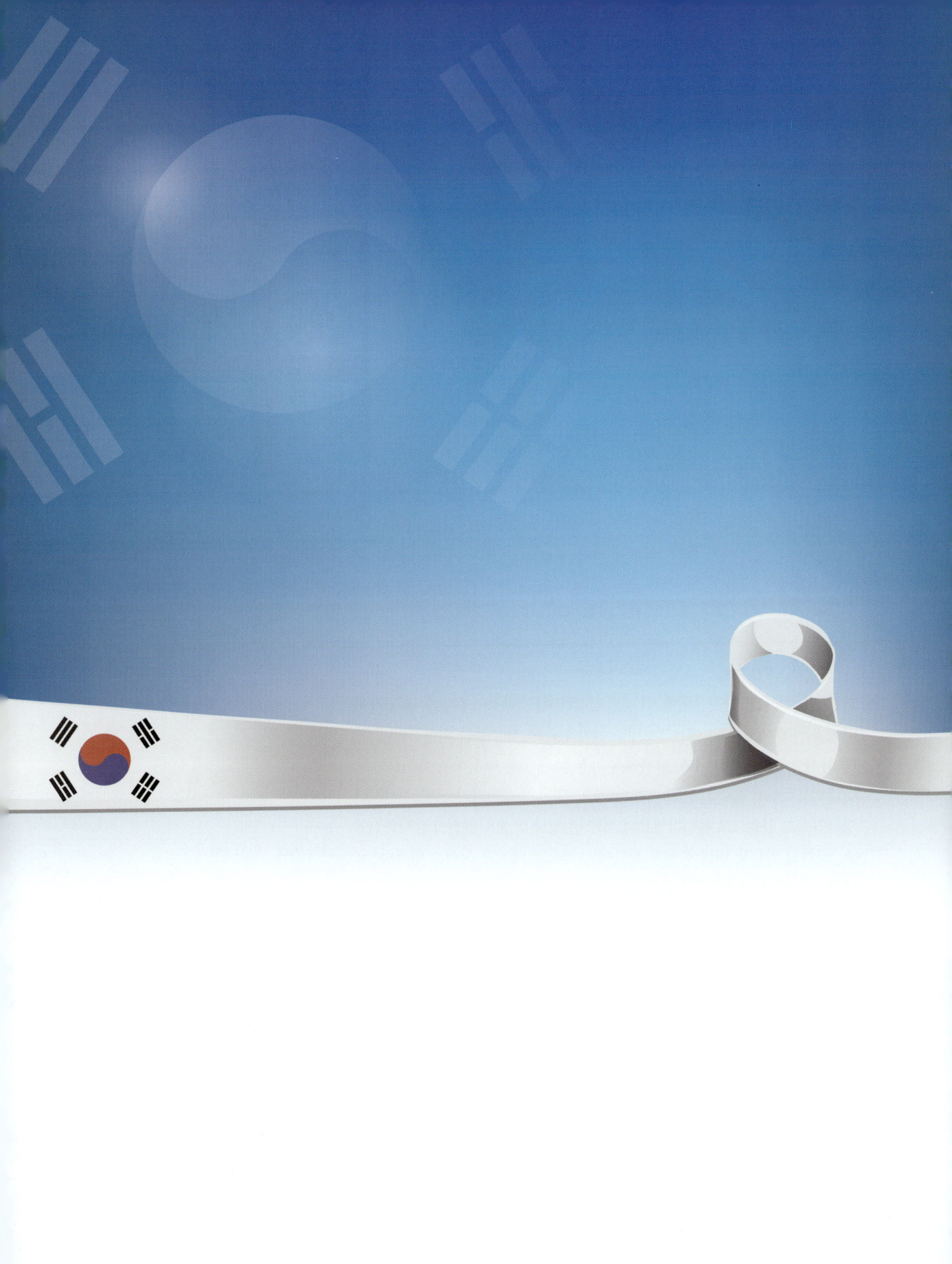